Pasajes

ACTIVIDADES TERCERA EDICION

MARY LEE BRETZ

Rutgers University

TRISHA DVORAK

University of Michigan

CARL KIRSCHNER

Rutgers University

McGraw-Hill, Inc.
New York St. Louis San Francisco Auckland Bogotá
Caracas Lisbon London Madrid Mexico City Milan
Montreal New Delhi San Juan Singapore
Sydney Toyko Toronto

This is an EBI book.

Pasajes: Actividades

    5 6 7 8 9 AGM AGM 9 0 9 8 7 6 5

ISBN 0-07-007667-7

This book was set in 10/12 New Aster by The Clarinda Company.
The designer was Janet Bollow.
The editors were Leslie Berriman, Suzanne Cowan, Celine-Marie Pascale, and Anita Wagner.
The production supervisor was Tanya Nigh.
The cover was designed by BB&K Design, Inc.
The photo researcher was Judy Mason.
Line drawings were done by Betty Beeby and Rick Hackney.
Arcata Graphics/Martinsburg was printer and binder.

Library of Congress Cataloging-in-Publication Data

Bretz, Mary Lee.
    Pasajes, actividades / Mary Lee Bretz, Trisha Dvorak, Carl Kirschner.
        p. cm.
    Spanish and English.
    ISBN 0-07-007667-7
    1. Spanish language—Conversation and phrase books—English.
    I. Dvorak, Trisha. II. Kirschner, Carl, 1948– . III. Title.
    PC4121.B76 1992
    468.3'421—dc20
                                                                    91-34075
                                                                    CIP

This book is printed on acid-free paper.

Grateful acknowledgment is made for use of the following:

Photographs *Page 4* © Walter Hartsough; *17* © Nicholas Sapieha/Stock, Boston; *27* © Beryl Goldberg; *29* © Robert Frerck/Woodfin Camp & Associates; *34* © Cornell Capa/ MAGNUM Photos; *47* © Jim Anderson/Woodfin Camp & Associates; *77* © Mangino/The Image Works; *81* © David Kuperschmid; *93* © Peter Menzel; *99* © Walter Hartsough; *117* © Peter Menzel/Stock, Boston; *126* © Botero, Fernando, *The Presidential Family*, 1967, Collection, The Museum of Modern Art, New York; *131* © Peter Menzel/Stock, Boston; *133* © Catherine Ursillo/Photo Researchers, Inc.; *139* © Ulrike Welsch; *157* © J.K./MAGNUM Photos; *167* © Peter Menzel; *169* © Peter Menzel; *171* © Sergio Penchansky/Photo Researchers, Inc.; *184* © Sepp Seitz/Woodfin Camp & Associates; *187* © Peter Menzel; *193* © Stuart Cohen.

Readings *Page 38* adapted with permission from Atrápame ese fantasma de *Muy interesante*, #100, septiembre 1990; *73* adapted with permission from *Mía*, 23–29 julio

(Continued on page 226)

Contents

To the Instructor

Pasajes: Actividades is designed to increase students' communicative skills by building vocabulary, by reinforcing grammar structures, and, most importantly, by stimulating students to *think* about a variety of issues, while providing a format for sharing their ideas with others. Successful communication depends not so much on how *much language* students know—how extensive their vocabulary and how perfect their accent—as on how they cope with what they do not know. For this reason, although vocabulary expansion is a goal of each chapter, great emphasis is also placed on helping students to be more resourceful and creative with what they already know.

To help students in this task, we have included a section called **Estrategias para la comunicación** in each of the first six chapters and in Chapters 8, 10, and 12. These sections offer explicit strategies for managing a variety of real-life situations, ranging from general suggestions on how to keep a conversation going to more specific practice in situations that students might experience abroad: buying clothing, getting a hotel room, and so on.

The exercises in each chapter involve a wide range of communicative skills. Each chapter begins with a section called **Primer paso,** in which the chapter theme is introduced. The rest of the activities appear in the section called **Intercambios;** these include useful vocabulary and exchanges of the question-and-answer, interview, debate, and discussion varieties. As part of the process of increasing their awareness of and sensitivity to language, students are asked in each chapter to consider the meaning and use of certain English expressions, by explaining them to Luís, a hypothetical non-English speaker. What does it mean, for example, to "bury the hatchet," to be "grounded," or to call someone a "redneck"? The *Instructor's Manual* for the *Pasajes* series offers additional hints and suggestions for adapting and implementing the exercises in the classroom.

Major Changes in the Third Edition

- The **Debate** activities—renamed **Pro y contra**—have been extensively reworked, particularly in the first six chapters, to give students more assistance in the process of setting up and carrying out in-class debates.
- Two activities are new to this edition: the **Sondeo** invites students to take a class poll on particular questions related to the chapter themes; the new

Improvisaciones sections provide opportunities for students to engage in role play.

■ A number of new cartoons and pieces of realia have been added, including short texts.

It is not expected that students will be able to do all of the oral activities without grammatical errors. Some of the activities are designed with the awareness that many students do not have the necessary language skills to carry them out in flawless (or even near-flawless) Spanish. The purpose of the activities manual, and of these exercises, is to motivate students to communicate, to become independent of the need for exact English equivalents, and to gain confidence in their ability to get an idea across to an audience. Many of these activities have grown out of classroom experience and experimentation in which it has become apparent that when students *really want* to say something, they do in fact find a way to do so. The goal of *Pasajes: Actividades* is to establish the desire to communicate and to provide a structure that enables students to realize that desire.

To the Student

Welcome to *Pasajes: Actividades!* We hope this book will stimulate you to think about and react to a series of interesting topics as it provides you with useful vocabulary and a framework for sharing your ideas in Spanish.

As its name implies, *Pasajes: Actividades* contains only activities: descriptions, interviews, discussions, debates, role-playing, and so on. Each chapter begins with a **Primer paso** section that introduces the chapter theme through the description and discussion of drawings and cartoons. The rest of the chapter, called **Intercambios** (*exchanges*), presents useful vocabulary and offers a variety of exercises on which to base thought-provoking and entertaining exchanges among your classmates and your instructor.

Some of the exercises are challenging: they are designed to produce not flawless language, but rather successful communication. As you'll discover, true communication depends more on your personal effort than on any set number of words you know or verbs you can conjugate. To successfully communicate in Spanish you must be *active* (say what you think, but also find out what other people think), *resourceful* (if you don't know the exact word for what you want to say, what else do you know that will help get the message across?), and *patient* (how long did it take you to learn how to speak English?). Most of all, you must be motivated to share information about yourself and to seek information from others.

We have tried to create exercises and activities that will make that sharing and seeking both feasible and fun. We hope you'll find that the more you work on communicating, the faster your formal language problems will take care of themselves.

CAPITULO UNO

Tipos y estereotipos

DESCRIBIR Y COMENTAR*

1. Geográficamente, ¿qué semejanzas hay entre el oeste de los Estados Unidos y el oeste de Sudamérica? ¿En qué se diferencian geográficamente el este y el oeste de los Estados Unidos? ¿Y el este y el oeste de Sudamérica?

2. ¿Son diferentes geográficamente el norte y el sur de los Estados Unidos? ¿Tienen también climas diferentes? ¿Qué efecto tienen estos factores en las costumbres de estas regiones? ¿Cree Ud. que también hay diferencias entre la parte norte y la parte sur de Sudamérica?

---

*In each chapter of this text, the **Primer paso** section is followed by a vocabulary list (**Vocabulario para conversar**) introducing words and expressions to be used in answering the questions under **Describir y comentar**. The vocabulary in this chapter is found on page 4.

3. Examinando la geografía, ¿qué regiones cree Ud. que van a tener... ?

   a. una industria pesquera
   b. playas para atraer el turismo
   c. turismo de invierno (estaciones de esquí)

4. Describa los siguientes países. Incluya todos los detalles que pueda.

   a. Inglaterra   c. España   e. Noruega
   b. Suiza   d. Alemania   f. Irlanda

5. ¿En qué países del mundo occidental es fácil encontrar personas que tienen el famoso «temperamento latino»? De acuerdo con el estereotipo, ¿cómo es ese temperamento?

Intercambios

Vocabulario para conversar

la agricultura/la industria agriculture/
industry
la capital/el gobierno capital city/
government
el clima/la geografía climate/geography
el continente/la isla continent/island
la cordillera/la playa mountain range/
beach
la costa/el interior coast/interior
el ecuador/el hemisferio equator/
hemisphere

el este/el oeste east/west
la minería/la ganadería mining/cattle
raising
montañoso/llano mountainous/flat
el norte/el sur north/south
el océano/el mar ocean/sea
la pesca/la caza fishing/hunting
el río/el lago river/lake
seco/húmedo dry/humid
la selva/el desierto jungle/desert

EL MUNDO OCCIDENTAL

Tablado flamenco, Málaga, España

Sondeo   ¿Cuánto saben Uds. del mundo hispano? Las estadísticas
indican que los norteamericanos saben muy poco de la geografía e historia
mundiales. ¿Cómo es la clase de español en este respecto? ¡Hagan un sondeo
para averiguarlo!

Primer paso: Recoger los datos (*data*)

- La clase debe dividirse en tres grupos. Un grupo se encargará de obtener las respuestas para las preguntas 1, 2 y 3 del cuestionario que aparece a continuación; otro grupo buscará las respuestas para las preguntas 4, 5 y 6; el tercer grupo investigará las preguntas 7, 8 y 9.
- Cada persona de cada grupo debe entrevistar a dos o tres compañeros de clase, haciéndoles preguntas para obtener la información necesaria.
- ¡OJO! Los miembros de cada grupo deben tener cuidado de entrevistar a todos los de la clase sin hacerle dos veces la misma pregunta a la misma persona.

Grupo 1

	ENTREVISTADOS		
	A	**B**	**C**
1. ¿Cómo se llama la cordillera de montañas que atraviesa Sudamérica?			
a. los Pirineos	___	___	___
b. los Andes	___	___	___
c. la Sierra Nevada	___	___	___
d. los Alpes	___	___	___
2. ¿En qué región floreció la civilización de los incas?			
a. México	___	___	___
b. Yucatán	___	___	___
c. el Perú	___	___	___
d. la Tierra del Fuego	___	___	___
3. Nombra tres productos industriales o agrícolas que asocias con el mundo hispano.	___	___	___
	___	___	___
	___	___	___

Grupo 2

	A	**B**	**C**
4. ¿Qué religión profesan la mayoría de los hispanos?			
a. Son judíos.	___	___	___
b. Son protestantes.	___	___	___
c. Son musulmanes.	___	___	___
d. Son católicos.	___	___	___

5. ¿Cómo se llama la cordillera que separa España
   de Francia?

   a. los Pirineos
   b. los Andes
   c. los Alpes
   d. la Sierra Nevada

6. ¿Qué es el flamenco?

   a. un tipo de música y baile de España
   b. un grupo separatista de España
   c. un postre que se sirve para la Navidad
   d. un tipo de música y baile del Caribe

Grupo 3

	A	B	C

7. ¿Qué es el gaucho?

   a. un tipo de música y baile de México
   b. el equivalente argentino del *cowboy*
   c. una sopa fría de tomates
   d. un tipo de bebida cubana

8. ¿Qué país del mundo hispano tiene una monarquía?

   a. Panamá
   b. México
   c. España
   d. Ecuador

9. ¿Qué país emprendió una guerra contra Inglaterra por las
   Islas Malvinas (*Falklands*) en 1982?

   a. la Argentina
   b. Chile
   c. España
   d. Panamá

Segundo paso: Análisis de los datos

- Después de hacer las entrevistas, los miembros de cada grupo deben
  reunirse otra vez.
- Deben compartir con los otros de su grupo la información recogida, y
  luego crear una tabla de resumen para sus datos. Alguien del grupo debe
  servir de secretario/a para anotar los resultados.
- El secretario (La secretaria) de cada grupo debe poner la tabla de resumen
  en la pizarra para presentar los resultados al resto de la clase.

¿Son sorprendentes los resultados? Comenten.

EL PASADO EN EL PRESENTE

1. ¿Qué países europeos fueron (*were*) colonizados por los romanos? Hoy día, ¿qué relación hay entre esos países con respecto a su lengua? ¿con respecto a su arquitectura tradicional?
2. ¿Qué países europeos colonizaron (*colonized*) partes de Norteamérica? ¿partes de Sudamérica? ¿partes del Caribe y de la América Central? ¿Qué diferencias hay entre los países de Norteamérica y Sudamérica que puedan entenderse por (*be understood as due to*) la nación colonizadora?

Estrategias para la comunicación

¡Te toca a ti! *Getting started*

In a conversation class there are usually only three or four people who are there because they like to speak Spanish and are good at it. Everyone else is probably there because their conversational skills in Spanish are awful. They either stutter and stammer when it's their turn to talk, or they freeze up.

Although it may not be obvious, the major difference between these two groups is generally this: Students in the first group have mastered a number of *communication strategies* that enable them to get into—and stay in—conversations easily. (That's how they get all the practice necessary for learning how to really speak another language!) Whether you think you are in the first group or in the second, working on communication strategies of this kind is one of the most effective ways of improving your conversational ability. Here are three of the most important of them; you'll learn others throughout *Pasajes: Actividades*.

1. *Relax.* Making mistakes is natural, not stupid. Anyone who has ever studied a foreign language has made mistakes—lots of them!—so don't waste your time worrying about how to avoid them, or being afraid that other people will think you are dumb. The more relaxed you are, the easier it is to use a foreign language actively.
2. *Think about your message, not about conjugating verbs.* The more involved you are in communicating, the less self-conscious you will be about real or potential mistakes, which, by the way, are generally less damaging to communication than you might think.
3. *Be resourceful.* Remember that there is never just one way to say something. If you run into a snag, back up and go at it from another direction. Try to think of other ways to phrase the message so that the vocabulary and structures you *do* know will be adequate. Use short sentences and look for synonyms. If you need a particular word that you don't have, try defining or describing the concept for the person to whom you are speaking. You can use expressions like the following.

> **No sé la palabra, pero es una cosa para...**
> **Es una persona que...**
> **Es un lugar donde...**
> **Es así** (*plus appropriate gesture*) **de grande/alto/largo.**

Practice the preceding communication strategies in the following situations.

¡Necesito compañero!

A. You don't know how to express the following English sentences in Spanish exactly as they are in English. How can you restate the message in Spanish words and structures that you do know?

1. I am undecided about my future plans.
2. During the fall semester most morning classes meet three times a week.
3. Dorms are great socially, but they're awful if you're here to get good grades.
4. Most stereotypes are not complete falsehoods and exaggerations; there is usually some partial truth involved.
5. Do you have to have an ID card to check out books?
6. I'm not really capable of expressing this idea in Spanish.
7. Newspapers and magazines as well as many experts are of the opinion that this is a very sticky situation.

B. Can you define or describe the following people, objects, and concepts in Spanish?

1. an eraser
2. a babysitter
3. tubby
4. stuck-up
5. Nutrasweet
6. a light bulb
7. messy
8. an electric fan

C. You need to get the following information from a student who does not speak English. How many different ways can you think of to phrase your questions? Use single-word questions as well as complete sentences.

1. complete name
2. age
3. what year in studies
4. major
5. local address
6. home address
7. hobbies and areas of interest
8. current or future job prospects

When you and your partner have finished your list of questions, compare your question strategies with those of the rest of the class. Then use your questions to interview a different classmate.

Una pareja *«punk»* española y los padres de la novia. ¿Corresponden a su imagen de «típicos» españoles? ¿Cómo es la imagen que Ud. tiene?

DESCRIBIR Y COMENTAR

1. ¿Qué ropa caracteriza a la gente de este estado? ¿a la gente de un país nórdico? ¿a la gente de un país tropical? ¿de un país latino? ¿Qué ropa está de moda ahora en los Estados Unidos?
2. ¿Qué ropa es característica de la gente joven? ¿de los mayores (*older people*)?
3. ¿Qué características físicas se identifican con los europeos del norte y los europeos del sur? ¿con el típico anglosajón y el típico latino?

¿A QUIENES RECONOCE UD.?

A. Personas famosas. Identifique a las siguientes personas famosas del mundo hispano fuera de los Estados Unidos.

1. _____ Juan Carlos de Borbón
2. _____ Pablo Neruda
3. _____ Violeta Chamorro
4. _____ Salvador Dalí
5. _____ Pablo Picasso
6. _____ Hernán Cortés
7. _____ José Martí
8. _____ Arantxa Sánchez Vicario
9. _____ Manuel Noriega
10. _____ Isabel la Católica
11. _____ Eva Perón
12. _____ Miguel de Cervantes
13. _____ Simón Bolívar
14. _____ Alberto Fujimori
15. _____ Gabriela Mistral
16. _____ Pancho Villa
17. _____ Javier Pérez de Cuéllar
18. _____ Oscar Romero

a. reina de España en 1492
b. jugadora de tenis
c. autor de *Don Quijote*
d. descubridor de América
e. presidente del Perú
f. libertador de varios países latinoamericanos
g. conquistador de los aztecas
h. rey de España
i. poeta chileno que ganó (*won*) el Premio Nóbel en 1973
j. pintor surrealista
k. violoncelista español
l. secretario general de las Naciones Unidas
m. importante figura política de la Argentina
n. patriota cubano que quería (*wanted*) la independencia de España
o. presidenta de Nicaragua, elegida en 1990
p. pintor español que inventó (*invented*) el cubismo
q. sacerdote y arzobispo salvadoreño, asesinado en 1980
r. conquistador de los incas
s. bandido mexicano durante la Revolución Mexicana
t. escritora chilena que recibió (*received*) el Premio Nóbel en 1949
u. ex presidente de Panamá
v. muralista mexicano
w. guerrillero cubano y amigo de Castro

Hay cinco descripciones que no corresponden a los nombres. ¿Puede Ud. nombrar a la persona descrita (*described*)?

B. Países y capitales. Ponga las capitales con sus países.

1. _____ el Perú
2. _____ Bolivia
3. _____ el Paraguay
4. _____ Nicaragua
5. _____ Puerto Rico
6. _____ Venezuela
7. _____ la Argentina
8. _____ Chile
9. _____ España
10. _____ Cuba

a. Caracas
b. Montevideo
c. Santiago
d. la Habana
e. Buenos Aires
f. Lima
g. San Juan
h. Asunción

i. Río de Janeiro
j. Bogotá
k. La Paz
l. Madrid
m. Managua
n. Cuzco
o. Quito

Hay cinco capitales que no corresponden a los países. ¿Puede Ud. nombrar su país?

C. ¡Viajemos! Imagine que Ud. va a hacer los siguientes viajes en autobús. Identifique los países por los cuales (*through which*) tiene que pasar para llegar a su destino. ¿Qué ropa debe Ud. llevar en cada viaje? ¡No consulte Ud. los mapas en la sección del **Primer paso**!

1. Ud. sale de Los Angeles y va a Cuzco.   2. Ud. sale de Cuzco y va a Buenos Aires.   3. Ud. sale de Santiago y va a Caracas.   4. Ud. sale de la Ciudad de México y va a la Ciudad de Panamá.   5. Ud. sale de Montevideo y va a Bogotá.

TIPOS Y ESTEREOTIPOS

A. Describa Ud. los siguientes dibujos con todos los detalles que pueda. ¿Quiénes están en cada dibujo? ¿Cómo son? ¿Dónde están? ¿Qué hacen?

B. Cada uno de los dibujos que Ud. acaba de describir representa la imagen estereotipada de un país o de un grupo de personas. Identifique el país o la nacionalidad de la gente en cada cuadro. Explique el estereotipo.

C. Con frecuencia, tenemos opiniones e imágenes falsas sobre otros lugares y otros grupos de gente. Por ejemplo, muchos neoyorquinos creen que todos los que viven en Nebraska son agricultores. Y, al revés, mucha gente de Nebraska cree que todos los neoyorquinos llevan pistola a causa de los muchos crímenes que se cometen en Nueva York. ¿Cuál es el estereotipo de los siguientes lugares y de sus habitantes?

1. Texas
2. Maine
3. California
4. su estado
5. la Florida
6. un estado vecino (*neighboring*)

Ahora, describa un estereotipo regional a la clase. Sus compañeros deben adivinar (*to guess*) la identidad de la persona que Ud. describe.

D. ¿Qué imagen tenemos los norteamericanos de los siguientes grupos?

1. los atletas
2. los actores y actrices de películas
3. las amas de casa (*housewives*)
4. los miembros de un *fraternity* o *sorority*
5. los estudiantes
6. los políticos

Ahora describa a la clase la imagen estereotipada de un grupo. Sus compañeros deben adivinar el grupo.

E. ¿Cuál es el origen de los estereotipos? Cuando observamos las acciones y costumbres de otro grupo de gente, podemos llegar a unas conclusiones falsas sobre ese grupo. ¿Qué imagen falsa sobre los norteamericanos puede tener una persona de otro país si observa sólo las siguientes costumbres?

1. Los matrimonios norteamericanos en la actualidad (*nowadays*) no quieren tener tantos hijos como los de las generaciones anteriores.
2. La típica familia norteamericana cambia de casa cada 7 años.
3. El tamaño (*size*) de los pies de los jóvenes norteamericanos es cada vez más grande.
4. Muchos matrimonios norteamericanos adoptan niños de otros países y de otras razas.
5. En los Estados Unidos más del 50% (por ciento) de las comidas se comen fuera de casa.

EL CABALLERO EN U. S. A.
—Hemos hecho° una nueva versión al gusto americano.   Hemos... *We've made*

También llegamos a conclusiones sobre otros países según los sitios que visitamos. Si vamos solamente a un lugar, nuestra percepción del país va a ser muy limitada... y probablemente falsa. ¿Qué visión estereotipada de los Estados Unidos puede tener un turista si visita solamente estos lugares?

6. Washington, D.C.
7. Missoula, Montana
8. su ciudad natal

9. Las Vegas, Nevada
10. Dallas, Texas
11. Beverly Hills, California

¿En qué sentido van a ser falsas estas impresiones? ¿En qué sentido van a ser verdaderas? ¿Qué otros lugares debe visitar el turista para formarse una imagen más representativa de los Estados Unidos?

PREPARANDO EL TURISMO
—...Y además de las corridas de toros, podemos ofrecer otros espectáculos emocionantes...

¿Qué imagen de los conductores españoles se presenta en este dibujo? En los Estados Unidos, ¿hay estereotipos basados en las costumbres de distintos grupos de conductores? Explique.

F. 🌅 **¡Necesito compañero!** Trabajando con un compañero de clase, lean brevemente el texto a continuación. No se preocupen si no saben todas las palabras—traten de sacar las ideas básicas y de adivinar (*to guess*) el significado de las palabras que no saben. ¿Es la siesta una tradición puramente cultural o tiene otros orígenes?

La siesta: tradicional y saludable

Los mediterráneos llevamos años disfrutando de los beneficios que una buena siesta proporciona al cuerpo y al espíritu. Pero han sido los investigadores norteamericanos los que han encontrado la justificación científica a nuestra particular y ancestral costumbre.

La somnolencia que se produce durante la primera hora de la tarde viene determinada por un ritmo biológico que predispone al ser humano a echar una cabezadita a mitad de la jornada. Momento en el que se produce un descenso del rendimiento físico e intelectual, por lo que la siesta sería un modo de *recargar las pilas*. La siesta saludable dura entre 30 y 90 minutos y con ella se consigue elevar el nivel de atención, recuperar energía y mejorar el humor y el estado de ánimo.

G.   Mire el dibujo de la página 13. ¿En qué sentido está hecho al gusto norteamericano el cuadro (*picture*) que aparece en el dibujo? ¿Es verdad que todos los estadounidenses llevan armas? ¿Se llevan armas en ciertas partes del país más que en otras? ¿Cuáles son algunos de los motivos por los cuales (*which*) se llevan armas? ¿Suele Ud. llevar armas? ¿Por qué sí o por qué no?

H.   Mire el anuncio a continuación. ¿Qué trata de vender? ¿Cuáles son los tipos o estereotipos en que se basa este anuncio? ¿Lo encuentra Ud. efectivo u ofensivo? ¿Por qué? Busque un anuncio comercial que en su opinión se basa en un estereotipo sexual y explique su contenido a la clase.

I.   Mire la tira cómica (*comic strip*) de la página 16. Describa brevemente la escena que se representa. ¿Quiénes están en el dibujo? ¿Dónde están y qué hacen? ¿Qué estereotipos revela la escena?

COMUNICACION CREATIVA

Ud. tiene un amigo hispano, Luis, que estudia inglés. El ha oído (*He has heard*) unas frases en inglés que no comprende muy bien. Explíquele en español lo que significan estas frases. Recuerde utilizar las **Estrategias para la comunicación** si tiene dificultades en expresarse.

1. Mom, the flag, and apple pie   2. Yankee ingenuity   3. Southern hospitality

TEMAS PARA DISCUTIR—MAS ESTEREOTIPOS

1. Se dice que los europeos y los latinoamericanos están más capacitados para aprender lenguas extranjeras que los norteamericanos. ¿Cuál es el origen de este estereotipo? ¿Es válido? ¿Por qué sí o por qué no?
2. Muchos creen que el norteamericano medio (*average*) no sabe mucho—y tampoco tiene interés en saber mucho—sobre la vida y la cultura de los países de habla española. ¿Es verdadero este estereotipo? ¿Qué razones daría Ud. (*would you give*) para convencer al norteamericano medio de que debe aprender más sobre los hispanos?
3. Ya que existen estereotipos sobre todos los grupos humanos—los estudiantes, los profesores, las mujeres, los atletas, los negros, los judíos, los pobres, los ricos, etcétera—es posible que Ud. haya sido (*have been*) víctima de un estereotipo alguna vez. Describa un estereotipo acerca de un grupo al que Ud. pertenece (*belong*). ¿Por qué existe? ¿Cómo le afecta a Ud. este estereotipo?

INFORMES ORALES

Prepare un breve informe en español sobre una de las personas de la lista en la página 10 o sobre cualquier otra persona famosa del mundo hispano.

CAPITULO DOS

Jóvenes de Cuenca, Ecuador

La comunidad humana

DESCRIBIR Y COMENTAR*

1. ¿Qué hace el niño? ¿Cómo reacciona la niña? ¿Qué siente (*feel*) la madre? ¿A quién va a culpar ella? ¿Por qué? ¿Qué les va a decir a los niños?
2. Describa el perro. ¿Qué hace? ¿Por qué hace este truco? ¿Cómo reacciona la mujer? ¿Por qué? ¿Y el hombre?

---

*The **Vocabulario para conversar** that supports these discussion questions is on page 20.

3. ¿Qué hace la mujer pobre? ¿Por qué lo hace? ¿Qué hacen los dos hombres? ¿Qué siente el hombre con la cámara? ¿Qué siente el otro hombre? ¿Qué le dice el hombre con la cámara al otro? ¿Por qué lleva una cámara?
4. ¿Qué hace la pareja en el sofá? ¿Quién es la mujer que entra? ¿Qué va a decir esta mujer? ¿Qué van a contestar los novios?
5. ¿Qué hace el señor? ¿Qué clase de programa mira? ¿Cómo se sabe eso? ¿Qué hace la señora? ¿Qué siente ella? ¿Por qué?
6. ¿Dónde están estas personas? ¿Qué acaba de hacer el camarero? ¿Cómo se siente en este momento? ¿Qué siente el patrón? ¿Qué le va a hacer al camarero? ¿Qué siente la mujer?

Intercambios

Vocabulario para conversar

Many of the words in the following list are cognates. Can you guess their meaning? In the case of paired words and expressions, sometimes the meaning of a word that you do understand will cue an understanding of its unfamiliar opposite. Look at the words in the context of their "word family" as well.

aceptar	rechazar	estar orgulloso	estar avergonzado
la aceptación	el rechazo	preocupado	tranquilo
alabar	criticar	sorprendido	indiferente
amar, querer (ie)	odiar	estimar	despreciar, desdeñar
el amor	el odio	el cariño	el desprecio, el desdén
animar	desanimar	cariñoso	desdeñoso
compasivo	frío, duro de corazón	exonerar	culpar, echar la culpa
comprensivo	incomprensivo	inocente	culpable
conocido	desconocido	integrar	discriminar
construir	destruir	la integración	la discriminación
constructivo	destructivo	la aceptación	el prejuicio
cooperar	competir (i, i), luchar	ofrecer, proveer	quitar, privar
cooperativo	destructivo	generoso	tacaño
la cooperación	el conflicto	pedir (i, i)	dar, ofrecer
la paz	la guerra	premiar	castigar
pacífico	belicoso	el premio	el castigo
pasivo	agresivo	respetar	faltar al respeto
cuidar, proteger	dañar, hacer daño	simpático	antipático
estar contento	estar descontento, triste	tener confianza	tener desconfianza
emocionado	indiferente	seguro de sí	inseguro de sí
interesado	aburrido, desinteresado	temerario	miedoso, temeroso

PRACTICA DE VOCABULARIO

¿Cómo son las siguientes personas? Complete las oraciones con la palabra adecuada de la lista que precede a las oraciones.

A. comprensivo   belicoso   cariñoso   generoso
destructivo   odioso   cooperativo

1. Una persona es ____ cuando comprende los motivos de otra persona.
2. Una persona que trabaja muy bien con los otros es ____.
3. Alguien que besa y abraza mucho a los demás es ____.
4. Los países ____ siempre quieren declarar la guerra contra otros países.

Ahora invente Ud. definiciones para las palabras que sobran (*are left over*).

B. simpático   antipático   culpable   desdeñoso
pacífico   agresivo   compasivo

1. Alguien que prefiere la paz y rechaza la guerra es ____.
2. Una persona que desprecia a todos es muy ____.

3. En un deporte como el fútbol norteamericano, es necesario ser _____ para ganar (*to win*).
4. Dicen que Lee Harvey Oswald es _____ de la muerte del presidente Kennedy.

Ahora invente definiciones para las palabras que sobran.

Estrategias para la comunicación

¿Qué haces... ? *Obtaining and sharing information*

Question words (**¿dónde?, ¿cuándo?, ¿quién?,** and so forth) are useful for clarifying missed messages *and* for obtaining information from others. As you do the partner exercises in this text, keep the following suggestions in mind.

1. When doing partner exercises, you will generally not need to use subject pronouns in your questions and answers. Use subject pronouns only to emphasize the subject.

NORMAL USAGE:	—¿Qué haces por la mañana?
	—No hago nada en particular.
FOR EMPHASIS/CONTRAST:	—¿Qué haces por la mañana?
	—En general yo no hago nada, pero mi compañero de cuarto trabaja en la cafetería.

2. Use the **tú** form of verbs and the informal forms (**tu** or **tus**) of the possessive adjective in questions addressed to your partner, but use third person forms to report information about your partner to the class.

DIRECT QUESTION:	¿Tienes tus clases por la mañana o por la tarde?
REPORTING INFORMATION:	Mary tiene sus clases por la tarde porque trabaja por la mañana.

In the preceding example, note that once you have told who the subject is (*Mary*), it is not necessary to use a subject pronoun in subsequent clauses. In this context, **trabaja** can only mean *she works*.

3. The verbs **creer** and **pensar** are useful for reporting what you or someone else thinks about something. Remember to use **que** after them to introduce your opinions.

> Roger y yo creemos (pensamos) **que** la respuesta correcta es b.

Practice the preceding communication strategies in these situations.

 ¡Necesito compañero!

A. Ud. es consejero radiofónico. Trabaja para WWWW en una ciudad grande y resuelve los problemas que la gente le plantea por teléfono en la radio. Normalmente, cuando alguien le explica un problema, Ud. le hace algunas preguntas concretas para ayudarle a encontrar una solución. Con un compañero, preparen una lista de por lo menos tres preguntas diferentes para cada situación para averiguar más detalles sobre cada problema que se presenta a continuación. Traten de usar todas las palabras interrogativas que puedan.

1. Necesito encontrar un nuevo puesto (trabajo).
2. ¡Mi vida es aburridísima!
3. Creo que debo trasladarme (*to transfer*) a otra universidad.
4. Mi familia interviene (*interferes*) mucho en mi vida.

B. Con otro compañero, hagan los papeles de consejero y radioyente. El consejero debe usar su lista de preguntas para saber los detalles del caso. Añadan otras preguntas durante su entrevista si es necesario. No olviden usar las estrategias para expresar las palabras que no recuerden o que no saben y para ayudarse mutuamente.

RELACIONES PERSONALES

A. Complete las oraciones en una forma lógica, describiendo una acción que confirme el sentimiento expresado en la primera parte de la oración.

MODELO: El hombre de negocios discrimina a la empleada cuando _____. →
...no la trata igual que al empleado.

1. Cuando compadecemos a un pobre, _____.
2. Castigamos a un niño cuando _____.
3. Los niños temen a los perros si _____.
4. Los indios luchan contra el gobierno cuando _____.
5. No respeto al político si _____.
6. Tenemos prejuicios contra los otros cuando _____.

B. Aquí hay unos grupos que a veces se oponen en cuanto a (*with regard to*) sus opiniones y reacciones.

las madres y los niños
sus padres y Ud.
los profesores y Ud.
los ladrones y la policía
el gobierno y los indios
los ricos y los pobres

los jóvenes y los mayores
los predicadores de cultos y los
   sacerdotes o ministros de religiones más tradicionales
los cobardes y los dentistas
los estudiantes y la universidad

1. ¿Cuál es la opinión que los miembros de estos grupos suelen tener de sus opuestos? Por ejemplo, ¿qué opinan las madres de los niños? ¿Qué opinan los niños de sus madres?
2. De las reacciones y opiniones que Ud. ha dado (*have given*), ¿cuáles reflejan estereotipos? ¿Conoce Ud. a alguna persona (famosa o no) que no obedezca al estereotipo?
3. Muchas reacciones personales siguen las normas o reglas que la cultura y la sociedad establecen. A veces no nos damos cuenta de (*we're not aware of*) estas normas hasta que alguien no las sigue—un extranjero o un niño, por ejemplo. ¿Por qué reaccionamos con sorpresa o desconcierto (*unease*) si...

   a. un niño le toca el pelo o la ropa a un desconocido?
   b. una persona relativamente desconocida empieza a preguntarnos cuánto dinero tenemos o ganamos?

c. alguien en un autobús o en el metro nos mira con mucha atención?

d. en un salón donde hay muchas sillas desocupadas un desconocido se sienta a nuestro lado?

Ha ganado° el primer premio en el baile de disfraces.°   Ha... *He won* / *costumes*

4. Ahora, piense otra vez en las reacciones y opiniones que Ud. dio en la pregunta 1. ¿Cuáles de sus reacciones parecen reflejar más concretamente la cultura norteamericana? ¿Puede Ud. explicar si son distintas en otra cultura que Ud. conoce?

C. ¡**Necesito compañero!**   Trabajando con un compañero de clase, lean brevemente el texto que aparece a continuación. No se preocupen si no saben todas las palabras—traten de sacar las ideas básicas y de adivinar el significado de las palabras que no saben. Después de leer el texto, ¿pueden Uds. nombrar una de las ventajas y desventajas de la tendencia humana a tener amigos? ¿Están Uds. de acuerdo en general con los resultados del estudio? ¿Pueden dar como evidencia alguna experiencia propia para apoyar su opinión?

Es sano tener amigos

Un grupo de científicos de la Universidad de Michigan (EE.UU.), está investigando algo que la sabiduría popular intuía desde hace tiempo: que la soledad es mala para la salud y que los amigos y el cariño ajeno alargan la vida. Las buenas relaciones con el entorno, la aceptación del medio y la vinculación solidaria con el resto del mundo, no sólo aumentan la esperanza de vida, sino que le dan más vida a los años. Y lo más curioso, es que existe una contradicción, ya que las personas con buenas relaciones sociales suelen estar expuestas a numerosos factores de riesgo: el tabaco, el colesterol, la hipertensión y el alcoholismo. Quizá la alegría y la felicidad sean la mejor medicina...

COMUNICACION CREATIVA

A.   Hay muchas palabras inglesas que proceden de las culturas indígenas de los Estados Unidos. Explíquele en español a su amigo Luis el significado de las siguientes palabras.

1. squaw
2. tepee
3. papoose

4. brave
5. medicine man
6. tomahawk

B.   Otras expresiones han adquirido (*have acquired*) un sentido especial en el lenguaje común. ¿Puede Ud. explicarle a Luis el significado de estas expresiones?

1. Indian giver
2. to bury the hatchet
3. to have a powwow

4. to be on the warpath
5. scalping
6. to pass the peace pipe

LAS RELACIONES ENTRE LOS GRUPOS

A.   Se dice que los Estados Unidos es un gran crisol (*melting pot*). ¿Qué significa esta expresión? ¿Qué distintas nacionalidades se encuentran en los Estados Unidos? ¿Qué grupo étnico es el más numeroso en su ciudad? ¿en su estado?

B.   En algunas partes de los Estados Unidos, se ve la influencia cultural de un determinado grupo étnico. Nombre Ud. cinco—o más—lugares e identifique el grupo étnico asociado con ese lugar. ¿Influyen estos grupos en su comunidad? Explique.

C.   Algunas tradiciones y fiestas que se consideran norteamericanas son de origen extranjero. Describa en español las siguientes tradiciones e identifique su país de origen. ¿Sabe Ud. cómo eran en su país de origen?

1. Christmas tree
2. Easter eggs
3. Santa Claus

4. St. Patrick's Day
5. Oktoberfest

D.   Hoy día vienen a los Estados Unidos menos inmigrantes que antes, pero los contactos entre los Estados Unidos y otros países siguen siendo (*continue to be*) muy fuertes, especialmente con respecto a la economía. Identifique Ud. los productos asociados con las siguientes compañías extranjeras y su país de origen. ¿Cómo son estos productos en comparación con nuestros productos domésticos?

1. Datsun
2. Volkswagen
3. Sony

4. Kahlúa
5. Cuisinart
6. Swatch

7. Dos Equis
8. Nescafé
9. Perrier

E. ☀ **¡Necesito compañero!**   Trabajando con un compañero de clase, miren el anuncio que aparece a continuación. ¿Qué se trata de vender? ¿Creen Uds. que es efectivo? ¿Por qué sí o por qué no? Parte del impacto de este anuncio—lo que es típico de muchos anuncios—es el uso de juegos de palabras (*plays on words*). ¿Cuáles son los dos significados de las siguientes expresiones?

- el mundo es un pañuelo
- ...encontrará buena compañía
- ...pídanos el cielo

¿Pueden Uds. identificar también algunos juegos de palabras que se utilizan en los anuncios para líneas aéreas norteamericanas?

EL MUNDO EN UN PAÑUELO.

Tenemos mucho mundo. 80 ciudades en 46 países. Con Iberia el mundo es un pañuelo, que lleva nuestros colores. Donde lo vea encontrará buena compañía. La 3.ª de Europa. En la que volar es no echar nada de menos.

Cuando lo vea pídanos el cielo. Llegaremos donde haga falta. Detrás de este pañuelo hay un mundo.

IBERIA
LINEAS AEREAS DE ESPAÑA
GRUPO INI

F.   En español hay muchos chistes o juegos de palabras que se basan en la semejanza entre el sonido de algunas expresiones españolas y el sonido de otra lengua. ¿Puede Ud. identificar la respuesta cómica para cada una de las siguientes preguntas? (Fíjese en particular en la pronunciación.)

1. ¿Cómo se dice «se pegó un tiro» (*he fired a shot*) en árabe?
2. ¿Cómo se llama el Ministro de Transportes Públicos en el Japón?
3. ¿Cómo se dice «está lloviendo» en alemán?
4. ¿Cómo se llama la nueva bicicleta japonesa?

a. ya mi moto no camina
b. ahí va la bala
c. casi moto
d. gotas caen

¿Sabe Ud. otros chistes de este tipo?

TEMAS PARA DISCUTIR—EL CRISOL NORTEAMERICANO

A.   La incorporación a la cultura norteamericana de fiestas, expresiones y costumbres de otros grupos étnicos proporciona (da) a los Estados Unidos la apariencia de ser un gran crisol. A pesar de esta imagen de cultura mixta, cuando los turistas visitan grandes ciudades como Nueva York o San Francisco, ven que cada grupo étnico tiene su propio barrio: hay un barrio chino, un barrio italiano, un barrio irlandés, un barrio hispano, etcétera. Los visitantes pueden llegar a la conclusión de que el famoso crisol norteamericano no existe. ¿Qué ejemplos puede Ud. dar que confirman o refutan esta opinión? Entre sus amigos, parientes o conocidos, ¿cuántos tienen novio/a o esposo/a de otra raza? ¿de otra religión? ¿de otro grupo étnico? ¿de otra generación?

B.   El gobierno de los Estados Unidos limita el número de inmigrantes que puede entrar en el país. ¿Por qué hay tales restricciones? ¿Puede Ud. nombrar algunas ventajas y desventajas de esta limitación? A pesar de las leyes que establece el gobierno mucha gente entra ilegalmente en los EEUU. ¿Por qué? ¿Cuáles son las ventajas y desventajas de esta inmigración ilegal para las siguientes personas?

1. el jefe (*employer*)
2. el trabajador ilegal
3. el gobierno norteamericano
4. el gobierno del país de origen de los inmigrantes ilegales
5. la familia del inmigrante

C.   ¿Quiénes eran los inmigrantes en el siglo XIX? ¿Quiénes lo son ahora? ¿Dónde vivían los inmigrantes en el siglo pasado y a principios de este siglo? ¿Dónde viven los inmigrantes que llegan hoy en día? ¿En qué trabajaban los inmigrantes del siglo pasado y de los primeros cincuenta años de este siglo? Los inmigrantes de hoy, ¿tienen puestos semejantes? ¿Qué otras diferencias hay entre estos grupos de inmigrantes?

D.   Durante los años de la guerra fría, la comunidad humana estaba dividida en dos grandes bloques—los comunistas y los no-comunistas. ¿En qué sentido se mantiene todaviá esta división? ¿En qué sentido se ve un cambio en los últimos años? ¿Qué consecuencias tiene este cambio en la economía de EEUU? ¿en las relaciones que tienen EEUU con otros países? ¿en la política interior de EEUU?

INFORMES ORALES

A. Busque información sobre los siguientes términos indios y preséntela a la clase.

1. Cuauhtémoc
2. los mayas
3. los chibchas
4. Moctezuma
5. los taínos
6. los caribes
7. el quechua
8. Huayna Capac

B. Prepare una historia étnica de su familia. Hable con sus padres y otros parientes para obtener toda la información que pueda. Al presentar (*When you present*) el informe, puede usar o el presente histórico de los verbos o los tiempos apropiados del pasado.

Un matrimonio indio del Ecuador

PRO Y CONTRA

Primer paso: Identificar

Divídanse en grupos de tres o cuatro estudiantes. La mitad de los grupos va a identificar todos los argumentos que apoyen el lado afirmativo de la cuestión que se presenta a continuación. Los otros grupos identificarán argumentos que apoyen el punto de vista negativo. Cada grupo debe elegir un secretario (una secretaria) para hacer las listas.

Segundo paso: Responder

Los grupos de ambos bandos deben intercambiar sus listas. Examinen los argumentos con cuidado, pensando en el trabajo que acaban de hacer para buscar todos los contrapuntos y refutaciones que pueden. ¿Logran responder a todos los argumentos?

VOCABULARIO UTIL:

se sabe que...
hay que recordar que...
no se debe olvidar que...

en nuestra opinión,...
un punto muy importante de tomar en cuenta considerar es que...

——————— AFIRMATIVO ———————

Las reservaciones indias deben existir porque allí los indios pueden mantener su propia identidad: su cultura, su lengua, sus costumbres, etcétera. El individuo que pierde contacto con su cultura, ya no existe.

——————— NEGATIVO ———————

Las reservaciones indias no deben existir porque hacen de los indios seres «diferentes» del resto de la población. Los separan de la cultura norteamericana en general. Si un individuo quiere progresar, tiene que asimilarse a la cultura mayoritaria del país en que vive.

—Cuando se pasa mal aquí es el domingo por la tarde, a la hora de los toros...

Aquí, dos náufragos que piensan en sus circunstancias... y en las corridas de toros. ¿A qué hora lo pasan peor los náufragos? ¿Qué suele pasar a esa hora en su país? ¿Puede Ud. adivinar su origen étnico? Imagine que Ud. está en las mismas circunstancias. ¿Cuál va a ser la peor hora del día? ¿Por qué?

CAPITULO TRES

Una decoración para el Día de los Difuntos, Oaxaca, México

La muerte y el mundo del más allá

DESCRIBIR Y COMENTAR

1. ¿Dónde tiene lugar (*take place*) la primera escena? En su opinión, ¿qué parentesco (*family relationship*) tiene el difunto con las personas de la sala? ¿Cómo es la sala? ¿Qué hace la gente? ¿Qué emociones se ven?
2. ¿Dónde tiene lugar la segunda escena? ¿Cómo es el lugar? ¿Quiénes están allí? ¿Cómo llegaron allí? ¿Qué hace el cura? ¿Qué cree Ud. que dice la inscripción de la lápida?

3. ¿Dónde tiene lugar la tercera escena? ¿Quién es el hombre que lee? ¿Qué lee? ¿Quiénes son los otros individuos? ¿Qué sentimientos revela la cara de cada uno? ¿Qué parentesco existe entre ellos? ¿Qué va a hacer cada uno después de oír el testamento?

4. ¿Qué clase de casa se ve en la cuarta escena? ¿Qué hay en la casa? ¿Qué sale de las ventanas de la casa? ¿Qué lleva la gente que está delante de la casa? ¿Por qué? ¿Por qué quieren visitar esta casa? ¿A Ud. le gusta visitar casas semejantes? ¿Por qué?

Intercambios

Vocabulario para conversar

EL VELORIO

el ataúd casket
el cadáver cadaver
callado/a quiet
consolar (ue) to console
el difunto dead person
solemne solemn
la vela candle
velar to watch over
  el velorio vigil for the dead
yacer to lie

EL CEMENTERIO

el cura/sacerdote priest
enterrar (ie) to bury
  el entierro burial
el epitafio epitaph
la lápida tombstone
sepultar to bury
la tumba tomb

EL TESTAMENTO

estar de luto to be in mourning
heredar to inherit
  el heredero beneficiary of a will
el luto mourning
el testamento will

EL DIA DE LOS MUERTOS (DIFUNTOS)

la calabaza pumpkin
el diablo devil
disfrazar(se) to disguise (oneself)
el duende goblin, spirit
el esqueleto skeleton
el fantasma ghost
el hueso bone
la momia mummy
el murciélago bat

HALLOWEEN: EL DIA DE LOS DIFUNTOS

Complete las oraciones en una forma lógica.

1. Cuando yo era niño, generalmente me disfrazaba de _____ la noche de *Halloween* porque _____.
2. Tenía miedo de _____ porque _____.
3. A veces me enfermaba (*I would get sick*) porque _____.

4. En mi barrio, había una casa donde _____.
5. Tocábamos los timbres (*doorbells*) y después _____.
6. Una vez cuando no nos dieron dulces, _____.
7. Lo que más me gustaba de *Halloween* era _____ porque _____.
8. El *Halloween* más inolvidable de mi vida ocurrió en _____ cuando _____.
9. Para celebrar *Halloween* el año pasado, mis amigos y yo _____.

Estrategias para la comunicación

Por ejemplo...   *Keeping the conversation two-way*

There are many ways to keep a conversation going: by answering questions in a way that adds more information than absolutely necessary; by paraphrasing words or expressions that you don't know exactly how to say in Spanish; and by using personal questions to show interest in your partner. Another important technique is to make sure that the conversation is two-way, so that both you and your partner are active participants in it.

Whenever you notice that your partner is having difficultly answering a question that you have asked, try to help out by using one of the following techniques.

1. Phrase your question in another way.

   —¿Vives en una residencia?
   —No comprendo.
   —*Lloyd Hall es una residencia, West Quad es una residencia...*
   —Ah, no, no vivo en una residencia. Vivo en un apartamento.
   —¿Dónde estudias por lo general?
   —Mmmmmmm... uh... ¿?
   —*¿Normalmente estudias en tu apartamento o en la biblioteca?*
   —¡Ah! En la biblioteca.

2. Suggest a few possible answers or alternatives.

   —¿Por qué estudias en la biblioteca?
   —Um... es... estoy... está... muy... uh, no sé.
   —*¿Hay más silencio? ¿más espacio?*
   —Más silencio. Mucho ru... mucho... um...
   —*¿Muchas personas hablan en la residencia?*
   —Sí, hay mucha música y fiestas y no puedo estudiar allí.

   Note that in the preceding example, neither participant remembered the word for *noise* (**ruido**), but the first person kept the conversation going by paraphrasing.
3. Answer your question yourself. This often helps your partner to understand what kind of information you were after.

   —¿Cuál es tu carrera?
   —¿Carrera?
   —*Yo estudio ingeniería; mi carrera es la ingeniería. ¿Y tú?*
   —Estudio ciencias políticas.
   —¿Por qué decidiste estudiar eso?

—No comprendo.

—*Por ejemplo, yo estudio ingeniería porque es interesante y porque puedo ganar mucho dinero.*

—Pues, yo quiero ser abogado y pienso que es útil estudiar las ciencias políticas.

Practice the preceding communication strategies in these situations.

¡Necesito compañero!   Usando las siguientes preguntas—u otras, si prefiere— como punto de partida (*point of departure*), charle con un compañero de clase. Cada respuesta debe *ir más allá de lo absolutamente necesario.* Cada vez que respondan a una pregunta, traten de agregar otra pregunta o más información. Acuérdense de usar las estrategias (1) para expresar las palabras o expresiones problemáticas y (2) para ayudarse mutuamente si el uno o el otro tiene problemas en expresarse.

1. ¿Cuánto tiempo hace que viste una película muy buena?
2. ¿Recibiste algún regalo interesante o diferente este año?
3. ¿Abandonaste recientemente algún mal hábito?
4. ¿Cuánto tiempo hace que no pierdes ninguna clase?
5. ¿Cuál fue el último viaje que hiciste en avión?
6. ¿Te gusta ir a fiestas de disfraces?

El Día de los Difuntos en un cementerio en Cuzco, Ecuador

LA MUERTE Y LA REENCARNACION

A.  **¡Necesito compañero!**   Ud. está muerto/a y su espíritu vuelve al mundo para ver lo que pasa. Puede observar y escuchar a las personas vivas, pero Ud. es invisible. Utilizando las siguientes preguntas como guía, entreviste a un/a compañero/a de clase para saber como reacciona en esta situación. ¿Cómo se comparan sus propias reacciones con las de su compañero/a?

1. ¿A quién visitas primero? ¿Por qué?
2. ¿Qué dice de ti tu novio/a? ¿los miembros de tu familia? ¿tus profesores? ¿tu peor enemigo? ¿tus animales domésticos? ¿tu jefe (*boss*)? ¿tus vecinos (*neighbors*)?
3. Ahora que eres invisible, puedes entrar en cualquier lugar del mundo: la Casa Blanca, la oficina de tu jefe, etcétera. ¿En dónde quieres entrar? ¿Por qué? ¿Qué piensas aprender en cada lugar? ¿Qué uso positivo puedes hacer de lo que aprendes? ¿Qué uso negativo?

B.   Imagine que es posible la reencarnación del alma. Se puede regresar a la Tierra, pero no con la misma identidad que se tenía antes.

1. ¿Va Ud. a regresar o no? Si dice que sí, continúe con la actividad. Si dice que no, justifique su respuesta.
2. ¿Cuál de las siguientes identidades prefiere Ud.? ¿Por qué rechaza las otras? (Puede también inventar otra.)

un perro	un chimpancé	una tortuga (*turtle*)
una cucaracha	un delfín	un buho (*owl*)
un león	una piedra (*stone*)	una rosa
un caballo	una culebra (*snake*)	un ser humano del
un árbol	una estrella	sexo opuesto

3. Entre todos en la clase, ¿hay una identidad escogida por la mayoría? ¿Cuál es la identidad menos escogida?

C.   Imagine que Ud. es una de las siguientes personas. Cuente cómo murió. Cuidado con el uso del pretérito y del imperfecto.

1. un soldado
2. una campesina (*peasant*) pobre
3. un empollón
4. una monja (*nun*)
5. un viejo avaro (*old miser*)
6. una pilota
7. un cirujano (*surgeon*)
8. un profesor de español

TEMAS PARA DISCUTIR—DESPUES DE LA MUERTE

A.   ¿Qué cree Ud. que pasa después de la muerte? ¿Desaparecemos por completo o hay una vida en el más allá? Si cree que hay otra vida después de ésta, descríbala.

B.   Mire el dibujo de la página 35. ¿Quiénes aparecen en el dibujo? ¿Dónde están? ¿En qué se diferencia el ángel del centro de los demás? ¿Qué significa esta diferencia para él? En su opinión, ¿cómo era este ángel en su vida terrenal?

C.   Mire el anuncio de la página 40. ¿Qué se anuncia? ¿Qué contrastes nota Ud. entre las dos escenas? ¿Qué contrastes quiere señalar el anuncio? ¿qué semejanzas? ¿A qué tipo de persona se dirige este anuncio? ¿Por qué piensa Ud. eso?

D.   Mire el anuncio de la página 41. ¿Qué se anuncia? ¿Qué sentimientos quiere provocar este anuncio? ¿A qué tipo de persona se dirige? ¿Por qué piensa Ud. eso?

E.   Compare Ud. los dos anuncios sobre los cementerios. En su opinión, ¿sería (*might it be*) posible encontrar anuncios similares en revistas norteamericanas? Explique.

F.   ⛩ **Sondeo**   ¿Qué creencias tienen los de la clase acerca de la muerte, la vida del más allá y los fenómenos paranormales? ¡Haga un sondeo para preparar un perfil de la clase al respecto!

Primer paso: Recoger los datos

■ La clase debe dividirse en tres grupos. Un grupo se encargará de obtener información sobre las preguntas 1, 2 y 3 del formulario que aparece a continuación; otro grupo buscará las respuestas para las preguntas 4, 5 y 6; el tercer grupo investigará las preguntas 7, 8 y 9.

■ Cada persona de cada grupo debe entrevistar a dos o tres compañeros de clase, haciéndoles preguntas para obtener la información necesaria.

■ ¡OJO! Los miembros de cada grupo deben tener cuidado de entrevistar a todos los de la clase sin hacerle dos veces la misma pregunta a la misma persona.

Grupo 1

ENTREVISTADOS

	A	B	C

1. En el futuro será posible saber de antemano (*beforehand*) cómo y cuándo uno va a morir. ¿Quieres saber cuándo y cómo vas a morir? Explícame por qué. sí no sí no sí no

2. De estas alternativas, ¿cuál te parece que es más humanitaria? Explícame por qué.

    a. Morir en casa, porque... ____ ____ ____
    b. Morir en el hospital, porque... ____ ____ ____

3. ¿Crees en el poder destructivo de los maleficios (*curses*)? sí no sí no sí no

Grupo 2

	A	B	C

4. De las siguientes maneras de morir, ¿cuál te parece que es más humanitaria? Explícame por qué.

    a. Morir solo, porque... ____ ____ ____
    b. Morir rodeado de (*surrounded by*) varias personas porque... ____ ____ ____

5. ¿Crees que es posible la curación de enfermedades por la imposición de manos? sí no sí no sí no

6. ¿Alguna vez en tu vida has tenido la experiencia de sentir la presencia sobrenatural de *alguien* a quien tú no podías ver? sí no sí no sí no

Grupo 3

	A	B	C

7. De las siguientes maneras de morir, ¿cuál te parece que es más humanitaria? Explícame por qué.

    a. Morir bajo la influencia de alguna droga porque... ____ ____ ____
    b. Morir consciente, aunque sufriendo mucho, porque... ____ ____ ____

8. ¿Crees que es posible la comunicación por telepatía? sí no sí no sí no

9. ¿Crees que existen los fantasmas? sí no sí no sí no

Segundo paso: Análisis de los datos

- Después de hacer las entrevistas, los miembros de cada grupo deben reunirse otra vez.
- Deben compartir con los otros de su grupo la información recogida y luego hacer una tabla de resumen para sus datos. Alguien del grupo debe servir de secretario/a para anotar los resultados.
- El secretario (La secretaria) de cada grupo debe poner la tabla de resumen en la pizarra para presentar los resultados al resto de la clase.

Los fantasmas burlan a la ciencia

Los casos de personas muertas o de fantasmas que se aparecen a los vivos son demasiado numerosos como para ignorarlos. ¿De dónde vienen? Y, sobre todo, ¿qué son?

La imagen popular de los fantasmas como seres de ultratumba que, embutidos en una sábana, se complacen en asustar a la gente, han convertido a estos seres en el paradigma de lo anticientífico. Así, han provocado el rechazo emocional de cualquier persona que se tenga por medianamente racional, rechazo que llega a afectar incluso a muchos de los testigos contemporáneos de sus apariciones, quienes frecuentemente se niegan a aceptar sus propias experiencias. Buen ejemplo de ello es un sondeo realizado en 1981 sobre las creencias de los franceses: mientras el 41 por ciento de la población admite la curación por imposición de manos, el 37 cree en la telepatía, el 31 en los OVNIS y el 18 en los maleficios; sólo un cuatro por ciento acepta la existencia de los fantasmas.

Pero, como ocurre con tantos otros fenómenos paranormales, las apariciones fantasmales han sido aceptadas como algo normal por la práctica totalidad de las culturas del planeta. Cada una las ha interpretado según sus propias creencias, integrándolas en su folklore y viéndolas como manifestaciones del ultramundo. Tan sólo en Occidente, con el advenimiento de la mentalidad científica y causalista hace tres siglos, ha comenzado a rechazarse su existencia. Sin embargo, diversas encuestas indican que percibir una presencia fantasmal es una experiencia mucho más frecuente de lo que podríamos imaginar, una experiencia que alrededor del diez por ciento de la población occidental cree haber tenido al menos una vez en la vida.

¿Qué creencias predominan o son más comunes entre los miembros de la clase? ¿Hay respuestas que pueden ser contradictorias—por ejemplo, responder afirmativamente a la pregunta número 6 y negativamente a la número 9? ¿Cómo se pueden comparar las respuestas más frecuentes a las preguntas número 3 y número 5? Si existen respuestas contradictorias, ¿cómo las pueden explicar?

Lean el texto de la página 38. ¿Cómo se comparan las creencias de la clase con las de los franceses según el sondeo que allí se menciona? ¿Cómo se explica esta tendencia en el texto? ¿Están Uds. de acuerdo? ¿Cuál sería la interpretación típicamente norteamericana con respecto a estos fenómenos?

CASOS DE CONCIENCIA

La clase debe dividirse en grupos de tres. Cada grupo ha de preparar una lista de seis personas que, en la opinión de todos los miembros del grupo, son importantes. La lista debe incluir por lo menos...

- un político
- un artista (que puede ser actor o actriz)
- dos personas que no son de los Estados Unidos
- un personaje histórico

Los varios grupos deben intercambiar sus listas de manera que cada grupo tenga una lista diferente de la que escribió. Lean con atención los nombres de la lista. Imaginen que todas estas personas se encuentran en un barco que se hunde. Sólo pueden salvarse tres de ellas. ¿Quiénes son las tres personas de la lista que Uds. salvan?

Pongan en la pizarra los nombres de las tres personas salvadas por cada grupo. De todas estas personas, sólo puede salvarse la mitad. Según Uds., ¿quiénes deben de ser? ¿Por qué?

COMUNICACION CREATIVA

A.   En inglés, hay muchas expresiones que usan la palabra *dead* pero que no tienen nada que ver con la muerte. Explíquele a su amigo Luis el significado de las siguientes frases. Acuérdese de utilizar las **Estrategias para la comunicación**.

1. dead wrong
2. a dead ringer for . . .
3. dead center
4. to be dead set against
5. so-and-so is a deadbeat
6. the dead of winter

B.   En cambio, muchas frases que sí se relacionan con la muerte y la vejez (*old age*) disfrazan su verdadero significado. Explíquele a Luis lo que significan estas frases.

1. funeral home (parlor)
2. to pass away
3. rest home
4. memorial park

Este es un lugar histórico.

Cementerio de La Recoleta.
Creado en 1822. En él descansan siete generaciones
de argentinos cuyos nombres tejen la historia del país.

Este va camino de serlo.

Parque Memorial.
Un lugar en la Naturaleza para una nueva mentalidad.
Creado por la misma clase de gente, un siglo y medio
más tarde, con naturalidad.

C.   Don Juan. La siguiente secuencia de dibujos se basa en una de las historias más famosas de la literatura: las aventuras—y la condena final—de don Juan. Basándose tanto en los dibujos como en lo que Ud. ya sabe de don Juan, haga un resumen de la historia en el tiempo pasado. Use el vocabulario indicado y otras palabras que Ud. crea necesarias. ¿Tiene una moraleja (*moral*) la historia?

1. ser guapo, aventurero, gustarle las mujeres, seducirlas
2. no tener honor, seducir, abandonar, no importarle la opinión de la gente, responder «¡Tan largo me lo fiáis!»*
3. ser joven, inocente, llamarse Inés, seducir
4. abandonar, padre ser el Comendador, estar muerto
5. dar un paseo, ver la estatua del Comendador, burlarse de él
6. resucitar, invitarle a cenar, don Juan no tener miedo, aceptar
7. ofrecerle la oportunidad de arrepentirse, don Juan no querer ser condenado, ir al infierno†

1.   2.

3.   4.   5.

_____

*Loosely translated, "I'll worry about it later!"
†En otra versión de esta historia, don Juan es salvado del infierno por el amor de doña Inés. Si prefiere, puede sustituir la condena por este final más feliz.

6.   7.

PRO Y CONTRA

Primer paso: Identificar

Divídanse en dos grandes grupos que se alternarán en apoyar el lado afirmativo y el lado negativo de las siguientes cuestiones. Cada grupo tiene unos cinco minutos para preparar una lista de ideas que apoyen su postura. Luego debe elegir un secretario (una secretaria) para anotar la información más importante.

Segundo paso: Presentar

Los dos secretarios (las dos secretarias) deben ir a la pizarra y hacer dos columnas: *Afirmativo* y *Negativo*. Los estudiantes de cada grupo presentarán las ideas de su lista, punto por punto, alternativamente, hasta presentarlas todas. Los dos secretarios (las dos secretarias) anotarán en la columna debida las ideas de cada grupo.

Tercer paso: Evaluar

Entre todos, examinen las dos listas. ¿Cuál de ellas encuentran más convincente?

VOCABULARIO UTIL:

se sabe que...	en nuestra opinión,...
hay que recordar que...	un punto muy importante de
no se debe olvidar que...	tomar en cuenta/considerar es que...

1. Un hombre está en el puente Golden Gate y va a saltar (*to jump*) para suicidarse. Es la tercera vez que lo intenta.

——————— AFIRMATIVO ———————   ——————— NEGATIVO ———————

La policía debe salvarlo porque _____.

La policía no debe salvarlo porque _____.

2. Un niño nace con graves deficiencias psíquicas y físicas que requieren la atención constante de sus padres y de los médicos.

————————— AFIRMATIVO —————————   ————————— NEGATIVO —————————

Los médicos deben hacer un esfuerzo para salvarlo porque ____.

Los médicos no deben hacer ningún esfuerzo para salvarlo porque ____.

3. Una persona padece de (*is suffering from*) una enfermedad mortal. Consulta a un médico que ha inventado un aparato que le permite a un enfermo controlar el momento de su propia muerte. La persona enferma decide hacerlo; por medio de una técnica automática, sólo tuvo que apretar (*to push*) un botón y el complejo técnico le inoculó primero un sedante y posteriormente, una solución mortal (*lethal*) que le llegó al corazón en segundos.

————————— AFIRMATIVO —————————   ————————— NEGATIVO —————————

El médico es responsable de la muerte del enfermo y debe ser castigado porque ____.

El jurado no debe condenar al médico porque ____.

4. Con el aumento de la población mundial, no hay bastante tierra para satisfacer las necesidades de la gente. En las Naciones Unidas, se está considerando la obligación de incinerar a los difuntos como una medida (*measure*) para mejorar el aprovechamiento (*utilization*) de la tierra.

————————— AFIRMATIVO —————————   ————————— NEGATIVO —————————

Debe ser obligatoria la incineración (*cremation*) porque ____.

No debe ser obligatoria la incineración porque ____.

—¿Cuál es tu última voluntad?

¿Cuál cree Ud. que va a ser la última voluntad del pollo? ¿Cree Ud. que los animales tienen alma? ¿Tienen una vida en el más allá? ¿Y las personas? Si Ud. dice que sí, explique cómo cree que va a ser ese mundo.

INFORMES ORALES

1. Ud. llega a las puertas del paraíso celestial y encuentra que su nombre no está en la lista de invitados que tiene el ángel de la guarda. Llaman a San Pedro para decidir el caso. Convénzalo de que Ud. debe ser admitido/a, contándole cómo fue su vida y lo que hizo. (No se olvide de usar los tiempos correctos del pasado.) Los miembros de la clase deben hacer el papel (*role*) de San Pedro y decidir su caso.
2. Se dice que en el momento de morir, uno recuerda los momentos más importantes de la vida. Imagine que Ud. está en una situación peligrosísima (*very dangerous*). ¿Qué episodios de su vida va a recordar? Cuénteselos a la clase.

Improvisaciones Varios casos de gran importancia han llegado a los tribunales de justicia. ¿Cómo los resuelven Uds.?

Primer paso: Montar el tribunal

- Para montar cada tribunal se necesitan seis personas: tres personas para formar el equipo (*team*) de peticionarios y tres para formar el equipo de oponentes. El resto de la clase hará el papel de juez y jurado (*jury*).
- Los grupos deben reunirse para preparar sus argumentos y sus preguntas.
- Una vez preparados, los grupos deben organizarse delante de la clase. Un miembro de la clase debe leer la petición.
- Los dos grupos deben alternarse a exponer sus argumentos y responder a las preguntas. El proceso (*trial*) para cada caso sólo puede durar quince minutos.

Segundo paso: Decidir los casos

- Después que los equipos han presentado sus casos, los demás estudiantes de la clase deben votar para decidir en favor o en contra de las peticiones presentados.

Caso 1: Una petición al Ser Supremo para que conceda la inmortalidad a los seres humanos

- los peticionarios exponen los argumentos a favor de la inmortalidad humana
- los oponentes defienden el *status quo* (es decir, que los humanos *no* deben ser inmortales)

Caso 2: Una petición para aprobar una ley que hará obligatoria la donación de los órganos internos cuando alguien muere

- los peticionarios exponen los argumentos a favor de la ley
- los oponentes presentan los argumentos en contra de la aprobación de esa ley

COMPOSICION

1. Escriba un breve epitafio (de unas cinco líneas) para su propia lápida. O escriba su propia necrología, siguiendo estos modelos.

Tránsitos A LA OTRA VIDA

María del Pilar Polak, madre del cómico español Luis Sánchez Polak «Tip» en Madrid, a los noventa años.

José María Gil Robles, político español, en Madrid, a los noventa y dos años.

Dusan Matic, poeta yugoslavo firmante en 1925 del «Manifesto del Surrealismo», en Belgrado, a los ochenta y dos años.

Fernando López Quesada, cuarenta y siete años, hijo del fundador del banco del mismo apellido, en Las Matas (Madrid), al parecer, disparándose un tiro en la cabeza.

Carlos de Rojas, hijo del Conde de Montarco, crítico de toros, cuarenta y un años, de un infarto, cuando se dirigía a la plaza de las Ventas, en Madrid.

---

2. Ud. es reportero/a que va a entrevistar a una persona que dice que murió pero que—gracias a una intervención médica—fue resucitada. Escriba el diálogo de la entrevista que toma lugar entre Ud. y la persona «renacida» (*brought back to life*). Sugerencia: Para comenzar, haga una lista de preguntas sobre la experiencia de la persona. Luego empiece a elaborar las respuestas a cada pregunta. Puede agregar más preguntas si se le ocurren algunas mientras «haga» la entrevista.

CAPITULO CUATRO

Abuela y nieta, San Juan, Puerto Rico

La familia

DESCRIBIR Y COMENTAR

1. Describa la casa norteamericana. ¿En qué parte del país piensa Ud. que se
   encuentra? ¿Qué hacen los niños? ¿los padres? ¿De dónde vienen los padres? ¿Qué hay en la casa? ¿Hay muchas comodidades modernas?

2. Describa la vivienda hispana. ¿Cómo es la cocina? ¿Dónde está la esposa? ¿Qué hace ella? ¿Y el esposo? ¿Y los niños?

3. ¿Qué diferencias nota Ud. entre las dos casas? ¿Y qué semejanzas? De los individuos y actividades que se ven, ¿cuáles representan estereotipos y cuáles no?

Intercambios

Vocabulario para conversar

el alquiler rent
los bienes possessions
  los bienes raíces real estate
la calefacción heat
cobrar to charge (*money*)
la comodidad convenience
el consejero counselor
convivir to live together
criar to raise (*children*)
dar una bofetada to slap
dar una palmada to pat
dar una patada to kick
disciplinar to discipline
la envidia envy
golpear to hit

los impuestos taxes
  los impuestos sobre la renta income
    taxes
mimar to spoil, pamper
morder (ue) to bite
pagar alimentos to pay alimony
la propiedad property
pueril juvenile, childish
los quehaceres (de la casa) (domestic)
    tasks
reñir (i, i) to argue
el resentimiento resentment
la rivalidad rivalry
volver (ue) a + *inf.* to (*do something*)
    again

Estrategias para la comunicación

¿Ud. quiere decir que... ?   *Double-checking comprehension*

Communication sometimes breaks down because the ideas being discussed are complex and lend themselves to more than one possible interpretation. In addition to asking for more information, you can check your understanding in other ways, such as those described below.

Paraphrase what the other person has said, and ask whether that is what he or she meant: **¿Quiere Ud. decir que... ?** Paraphrasing lets the person you are talking with know exactly what you have understood.

If you understand the words but not the message, you can indicate this by asking: **¿Qué quiere Ud. decir con eso?** In this way, you make sure that the other person knows that what you need is an explanation, not a repetition.

You can also ask for an example of the point or idea that you don't fully understand: **¿Podría Ud. darme un ejemplo de eso? ¿Como qué, por ejemplo?** This is an excellent strategy to use in reverse as well: When you aren't sure how to express something, try to give an example of what you mean.

Practice the preceding communication strategies—and those from other chapters—in these situations.

A. You have heard the following statements. Paraphrase each of them to express what you think is the main idea.

1. El aprendizaje de una segunda lengua debe ser obligatorio en todas las escuelas de este país.
2. Manifestar los sentimientos es propio de (*most appropriate for*) mujeres.
3. Como resultado de la tecnología hay pérdida (*loss*) o corrupción de los valores humanos. Sólo tenemos que hablar con un científico para saber esto.
4. La actividad criminal es producto de la sociedad, no del individuo.

B. ¡**Necesito compañero!** With a classmate, discuss briefly the following topics in Spanish. Try to communicate clearly and to understand fully what the other person is saying. Then write a brief summary in Spanish of your partner's views.

1. No se debe permitir que las chicas jueguen al fútbol americano.
2. Cuando los padres se divorcian, los hijos deben vivir con la madre.
3. Los hijos únicos tienen muchas desventajas en comparación con las personas que se crían (*are raised*) con hermanos.
4. El hombre sufre a causa de la lucha de la mujer por la igualdad de derechos.

LA COMUNICACION FAMILIAR

A. Buenos modales (*manners*). Pablo es un joven típico. Como todos los jóvenes, tiene que aguantar los comentarios y mandatos de sus padres y de otros parientes sobre su conducta. ¿Qué comentarios y mandatos le da cada miembro de su familia? Conteste, completando las siguientes oraciones de tantas maneras diferentes como sea posible.

> MODELO: EL HERMANO MENOR: ¡No tienes ninguna paciencia conmigo y además eres demasiado mandón (*bossy*)! →
> PABLO: ¡Déjame en paz! ¡No me grites tanto! ¡Sal de mi cuarto!

1. La madre — ¡Si no tienes buenos modales nunca te van a invitar a ningún lado, Pablito!
2. El padre — ¡¿Cómo vas a llegar lejos con estas notas tan desastrosas?!
3. La hermana mayor — ¡Pareces un payaso (*clown*) perdido con esa ropa y ese peinado (*hairdo*)!
4. La abuela — ¡Nunca puedes encontrar nada porque tu habitación está hecho un lío (*mess*)!

Ahora invente el comentario que le hacen a Pablo otras dos personas, dejando que sus compañeros de clase inventen los mandatos apropiados.

B. Estrategias para todos los días. Los padres siempre les dan consejos a sus hijos para ayudarlos a resolver problemas. ¿Qué consejos típicos dan los padres en las siguientes situaciones?

> MODELO: Si alguien te pega, te dicen que ____. →
> Si alguien te pega, te dicen que devuelvas la bofetada.

1. Si vas a llegar tarde a casa, te piden que _____.
2. Si un desconocido te habla, te dicen que _____.
3. Si tu hermano menor te molesta, te recomiendan que _____.
4. Si vas a entrar en una tienda de porcelanas, te piden (¡por favor!) que _____.
5. Si vas a pasar la noche en casa de un amigo, te mandan que _____.
6. (*Invente una situación para la clase.*)

C. Sueños paternales. Muchos padres quieren que sus hijos acepten sus mismos valores. Por eso, el hijo ideal es muchas veces una versión en pequeño de sus padres. Sin embargo, el verdadero hijo es muchas veces todo lo contrario.

En su opinión, ¿qué quieren que hagan sus hijos—y que no hagan—los siguientes padres?

1. El padre es presidente de un banco; la madre es presidenta de la Asociación de Amas de Casa.   2. El padre es artista profesional; la madre es profesora de biología.   3. El padre es camionero; la madre es secretaria.   4. El padre es ama de casa; la madre es médica.   5. Los padres son granjeros (*farmers*).   6. ¿Los padres de Ud.?

EL MUNDO DE LOS NIÑOS

A. Los niños y los juguetes. Se dice que los juguetes influyen mucho en la formación de los niños. ¿Qué facetas de la personalidad cree Ud. que los siguientes juguetes van a desarrollar en un niño?

JUGUETES	FACETAS DE LA PERSONALIDAD
1. las muñecas: Barbie y Ken	la independencia
2. los rompecabezas (*crossword puzzles*)	la fuerza
3. la plastilina (*Play-Doh*)	la coordinación física
4. las pistolitas	la destreza (*skill*) manual
5. los libros para colorear	la curiosidad intelectual
6. los tebeos (*comic books*)	la pasividad
7. los modelos de aviones, etcétera	la agresividad
8. los soldaditos	la dependencia
9. un laboratorio de química	la creatividad
10. una cocina de juguete	la disciplina mental
11. *Monopoly*	el materialismo
12. una pelota	la masculinidad/feminidad

Ahora imagine que Ud. es padre/madre. ¿Qué juguetes va Ud. a prohibir que tenga su hijo? ¿su hija? ¿Qué juguetes les va a dar? Explique.

B. La visión especial de los niños. Con frecuencia los niños tienen un entendimiento parcial de la realidad. Cuando se encuentran ante una nueva situación, pueden formular explicaciones erróneas al tratar de comprenderla.

Describa la interpretación infantil de la realidad que se ve en los siguientes dibujos. ¿Cuál es su origen?

¿Hay otras situaciones en que Ud. o un conocido haya interpretado (*have interpreted*) mal una palabra o frase? Explique.

COMUNICACION CREATIVA

A. Explíquele a Luis el significado de las siguientes frases.

1. to be grounded
2. allowance
3. to play dress-up
4. babysitter
5. day-care center
6. palimony
7. yard
8. teenager
9. latch-key kids

B. Luis no sabe lo que son los siguientes juguetes. Explíqueselos, diciéndole también cómo se usan.

1. Play-Doh
2. Slinky
3. transformers
4. pogo stick

5. jungle gym
6. Hula-Hoop
7. Cabbage Patch Doll/Garbage Pail Kids

RELACIONES FAMILIARES

A. Las características familiares. ¿Se parece Ud. a alguien de su familia? Mire las fotos y lea los textos brevemente para sacar las ideas básicas.

Ciertas características físicas pueden saltar una o dos generaciones y, mientras los hijos no guardan ningún parecido físico con sus padres, manifiestan grandes similitudes con sus abuelos.

El indiscutible aire de familia

La forma de algunas partes del cuerpo se transmite de padres a hijos, a veces durante muchas generaciones. Hay características físicas que confieren un cierto «aire de familia» entre los hermanos. El pelo, la nariz, la forma de los labios..., incluso la manera de pensar o de afrontar los problemas se manifiestan en todos los miembros de una misma familia. Se sabe también que los movimientos pueden ser hereditarios, ya que para coordinar los músculos, las células del cerebro mandan a los nervios los mismos impulsos que las de los padres.

Pelo. El pelo rizado[a] triunfa frente al liso. En el caso de pelo ondulado y en las tonalidades de castaño a rubio, resulta imposible dar un pronóstico seguro. El pelo negro se impone sobre otros colores. El rojo gana al rubio, pero frente al negro o castaño tiene pocas posibilidades. Si uno de los padres tiene el pelo muy fuerte, los hijos lo tendrán también, ya que es dominante sobre el fino.

Color de ojos. La herencia de esta característica es muy difícil de predecir. El color azul puro, sin pigmentos, tiene todas las de perder frente al marrón oscuro. Los tonos oscuros suelen imponerse a los más claros. Los colores claros, como el gris, verde o marrón pálido, pueden triunfar sobre el azul luminoso.

[a]*curly*

Estatura. Dominan los «genes altos». Un padre alto y una madre bajita, o al revés tendrán hijos de estatura media tirando a altos. Si ambos progenitores son altos, su descendencia tendrá buena talla, con toda seguridad.

Vello.[b] Lamentablemente existe un 50% de probabilidades de transmitir la calvicie a los hijos varones y el hecho de ser peludo, especialmente en manos y dedos, domina sobre la ausencia de vello. Un dato curioso es que, mientras los rasgos de los bebés varían mucho con los años, la forma de sus cejas no cambia prácticamente nada desde que nacen.

Tono de piel. Los genes que dan lugar a una pigmentación oscura o morena pueden a los «rostros pálidos». De uniones entre negros y blancos los hijos tienden a tener piel oscura; de ahí la teoría de que la Humanidad acabará siendo negra. Las pecas son dominantes.

_____

[b]*hair*

Movimientos. Las características motrices son hereditarias. Hay niños que, al andar, hacen los mismos movimientos que su padre o su madre. Otras veces ocurre que los movimientos del padre o la madre son imitados por los pequeños.

Forma de la cabeza. Los cogotes bien formados se imponen sobre los planos. La forma de cabeza redonda u ovalada suele ser un claro distintivo familiar; sin embargo, hay factores que influyen decisivamente, como la postura del bebé en el vientre materno durante la gestación.

Ovalo de la cara. Las caras largas y ovaladas dominan frente a las redondas y pequeñas. Los pómulos muy pronunciados son otra característica que se manifiesta de forma preeminente.

Hoyuelos. Parece ser que los hoyuelos son dominantes. Así que, si el padre o la madre tienen alguna peculiar hendidura, sus descendientes la heredarán.

Lóbulos. Los pegados pierden frente a los sueltos o marcados.

¿Cuál(es) de las características mencionadas en el texto comparte Ud. con otros miembros de su familia? ¿En cuento a su personalidad, comparte Ud. ciertas características con familiares? Trabajando con un/a compañero/a de clase, haga y conteste preguntas para averiguar el carácter del «indiscutible aire de familia» de su compañero/a.

1. ¿A quién(es) de tu familia te pareces físicamente? ¿Cuáles de estos rasgos físicos compartes con un pariente?

	MADRE	PADRE	HERMANOS	OTROS	NINGUNO
el color de los ojos	____	____	____	____	____
el vello	____	____	____	____	____
los movimientos	____	____	____	____	____
la forma de la cara	____	____	____	____	____
los lóbulos	____	____	____	____	____
la estatura	____	____	____	____	____
el tono de la piel	____	____	____	____	____
la forma de la cabeza	____	____	____	____	____
hoyuelos en ciertas partes de la casa	____	____	____	____	____

2. ¿Hay otros rasgos físicos que también compartes con algún o algunos familiares? Por ejemplo...

	MADRE	PADRE	HERMANOS	OTROS	NINGUNO
el color del pelo	——	——	——	——	——
el tipo de pelo (rizado, lacio)	——	——	——	——	——
la nariz	——	——	——	——	——
la sonrisa	——	——	——	——	——

3. ¿Heredaste algunas habilidades de algún pariente?

¿Qué revelan los datos de su entrevista? ¿Se parece mucho cada uno de Uds. a un miembro en particular de su familia? ¡A ver si los demás compañeros pueden percibir el parecido familiar! Cada persona debe traer una foto de la persona a quien cree que se parece más para mostrársela a la clase. ¿Se puede poner cada foto con el miembro de la clase a quien corresponde?

B. ¡**Necesito compañero!**   ¿Existe una familia norteamericana típica? ¿Hasta qué punto se acerca a la realidad la familia norteamericana que se ve representada en los programas de televisión? Trabajando con un compañero de clase, lean rápidamente la siguiente descripción de una de las representaciones más recientes de la familia norteamericana. Utilizando lo que ya pueden saber del programa, ¿pueden adivinar el significado de algunas de las palabras nuevas? ¿Están de acuerdo con el análisis o la evaluación que ofrece el texto con respecto a la popularidad del programa?

"Tele": llega la familia Simpson

Televisión Española anuncia la próxima llegada a sus pantallas de una curiosa y original familia de dibujos animados, los Simpson. Sus cinco miembros romperán todos nuestros esquemas con su fisonomía y su comportamiento: Tienen los pelos de punta y los ojos saltones. Son amarillos, camorristas y disfrutan insultándose. En una palabra, son la antifamilia modélica... De los tres hijos de la familia, la mayor es una *sabionda;* la pequeña, una *pasota,* y el del medio, Bart, un *mocoso mal criado.* Aun así, es el héroe de miles de americanos comprendidos entre los 10 y los 14 años. En la actualidad, la serie es un fenómeno en Estados Unidos, que acapara los más altos niveles de audiencia y mueve miles de millones en objetos manufacturados. Sin ir más lejos, en los últimos seis meses se han vendido 24 millones de camisetas con la imagen de estos muñecos. El éxito de la serie —según las encuestas— se debe precisamente, a que estos personajes distan mucho de ser perfectos.

¿Creen Uds. que una de las siguientes familias represente mejor la «típica» familia norteamericana? ¿Cuál de ellas? ¡Prepárense para defender su opinión!

los Cleaver de «Leave It to Beaver»   los Arnold de «The Wonder Years»
los Huxtable de «The Cosby Show»   los Seaver de «Growing Pains»
los Connor de «Roseanne»   los Ewing de «Dallas»

C.   La división entre las generaciones. ¿Hay realmente una separación entre las distintas generaciones? Divídanse en grupos de tres o cuatro estudiantes para comentar los siguientes temas. Cada grupo debe señalar la actitud típica de los padres con respecto al tema, la actitud de su propia generación y la actitud más probable de sus hijos. Luego comparen las decisiones de todos los grupos.

1. las relaciones sexuales fuera del matrimonio   2. la conservación de los recursos naturales   3. la homosexualidad   4. las madres que trabajan fuera de casa   5. la disciplina de los hijos   6. el matrimonio interracial   7. las responsabilidades de los padres   8. la educación sobre el sexo   9. la mujer como candidato a la presidencia de los Estados Unidos   10. el déficit nacional   11. el desarrollo de la energía nuclear   12. el aborto

D.   Los problemas familiares: ¿Soluciones? En algunos países de Europa se ha discutido la posibilidad de elaborar leyes que permitan «el divorcio» entre un joven y sus padres en caso de graves problemas o insuperables (*insurmountable*) conflictos entre ellos. ¿Qué piensa Ud. de esto? ¿Cree Ud. que un hijo deba tener el derecho de separarse legalmente de sus padres? ¿Por qué sí o por qué no? ¿Cuáles serían (*might be*) las circunstancias que justificarían tal separación? ¿Qué podrían (*could*) ser sus consecuencias?

E. **«Querida Consuelo,...»** Consuelo escribe una columna de consejos para el periódico de su ciudad. Trabajando en grupos de tres o cuatro estudiantes, den la respuesta de Consuelo a las siguientes cartas.

1. «...pronto vamos a hacer un viaje de tres semanas a Europa. Mi esposo no quiere que nos acompañen nuestros cuatro hijos—edades: 5, 7, 12 y 16— porque dice que no les van a interesar los museos ni los lugares históricos y que se van a aburrir mucho. Yo creo que deben conocer otras culturas y otras gentes; además, en Europa hay parques y playas además de museos. ¿Qué me aconseja Ud.? ¿Los llevamos o los dejamos con mi madre?»

2. «...los hijos de mi nuera (*daughter-in-law*) son insoportables. Aunque los quiero mucho—al fin y al cabo son mis nietos—me molesta que no tengan ningún sentido de la responsabilidad ni de sus obligaciones ni deberes. Su madre les hace todo, y cuando le digo que les debe pedir que la ayuden con los quehaceres domésticos, me dice que ella, de niña, odiaba este tipo de trabajo y que no quiere someter a sus hijos a la misma situación. ¿Cómo puedo convencerla de que los niños sí deben compartir el trabajo de casa aunque lo odien?»

F. **¡Necesito compañero!** A continuación se presentan un resumen de un estudio que se hizo recientemente en España sobre el hombre español contemporáneo. En este estudio se examinaron las actitudes del hombre frente a la mujer con respecto al trabajo de la casa y el trabajo fuera de casa.

Frecuencia con que los hombres realizan trabajos domésticos (% horizontales. BASE = 1.405)					
Tareas	Nunca	A veces	Casi siempre	Siempre	N/C
Hacer camas...............	40,4	43,3	6,8	9,5	0,1
Limpiar el polvo...........	56,1	35,3	3,6	4,9	0,1
Cocinar..................	39,9	47,3	7,0	5,8	—
Lavar la ropa.............	77,0	17,2	1,8	3,9	0,1
Tender ropa..............	46,6	44,3	4,1	5,0	—
Fregar el suelo............	57,2	34,7	3,3	4,7	0,1
Recoger la casa............	44,7	45,3	5,0	4,8	0,1
Chapuzas[a]...............	14,3	23,0	23,5	39,0	0,2
Fregar los platos...........	44,6	41,6	7,5	6,2	0,2
Planchar.................	86,9	9,0	1,2	2,2	0,1
Ir de compras.............	33,7	46,3	12,0	8,0	—
Cuidar los niños[b]..........	39,7	44,1	11,6	4,1	0,5
Fregar cuarto de baño.......	65,5	25,5	4,1	4,9	—
Regar las plantas...........	43,8	36,7	9,5	9,7	0,3
Sacar la basura............	17,2	40,9	19,1	22,7	0,1
Limpiar cristales y ventanas....	71,5	20,8	3,8	3,9	0,1

[a]*odd jobs*

[b]Sólo maridos. Base del porcentajes: 955.

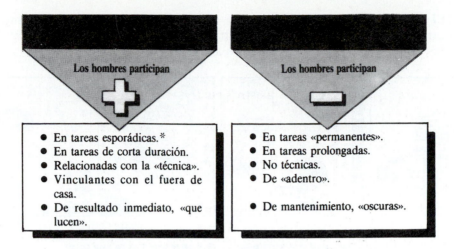

Ud. y su compañero tienen una amiga que piensa casarse con un español. Ella ha decidido preparar un acuerdo prematrimonial. ¿Qué tipos de tareas sugiere el estudio que ella debe incluir en el acuerdo para asegurarse de la ayuda de su esposo? Primero, **de acuerdo con los resultados de la tabla,** clasifiquen Uds. las siguientes tareas domésticas en tres grupos.

1. el hombre español «típico», no lo haría nunca
2. lo haría de vez en cuando
3. lo haría con frecuencia

TAREAS DOMESTICAS

cocinar
cuidar los niños
chapuzas (*odd jobs*)
fregar el cuarto de baño
fregar el suelo
fregar los platos
hacer camas
ir de compras

lavar la ropa
limpiar cristales y ventanas
limpiar el polvo
planchar
recoger la casa
regar las plantas
sacar la basura
tender la ropa

Compartan sus resultados con los demás de la clase. Según las conclusiones del estudio, ¿creen Uds. que sería grande el contraste entre las actitudes de los españoles y las del norteamericano típico? Si quieren, hagan un sondeo entre los hombres de la clase (o entre los hombres de su residencia) para averiguarlo.

---

*Las tareas esporádicas son las que tienen una duración breve y que no se realizan diariamente. Las tareas permanentes, por otro lado, son las que tienen una duración más prolongada y que se hacen más o menos habitualmente.

G.   El contrato matrimonial. Antes de casarse, la mujer de esta tira cómica y su esposo hicieron un acuerdo prematrimonial... pero de tipo tradicional. ¿Cuáles eran los «mandamientos» de su acuerdo?

TEMAS PARA DISCUTIR—ALTERNATIVAS AL MATRIMONIO

A.   ¿Por qué cree Ud. que muchas parejas deciden convivir algún tiempo sin casarse? ¿Qué desventajas puede tener este arreglo? ¿Cree Ud. que es de verdad una aproximación al matrimonio? ¿En qué sentido no lo es?

Describa la conversación que tiene lugar en este dibujo. ¿Quiénes son los dos individuos que hablan? ¿Es cómico el dibujo o triste?

B.   En muchos casos los hijos se crían con un solo padre. Comente la actitud de la sociedad ante los siguientes casos, las dificultades que puede experimentar el padre (la madre) y las ventajas o desventajas que pueden tener para el hijo tales situaciones.

1.   Una mujer soltera decide tener un hijo sin casarse.
2.   Una madre adolescente quiere criar a su hijo; no es casada ni ha completado (*has completed*) sus estudios en la escuela secundaria.
3.   Al padre (A la madre) divorciado/a le dan la custodia del hijo.
4.   Un padre divorciado (una madre divorciada) tiene que compartir la custodia del hijo.
5.   Un viudo (Una viuda) tiene cinco hijos pequeños y no piensa volver a casarse.

Los hermanos: Personalidad y conducta infantil

A. ¿Qué diferencias de personalidad suele haber (*do there tend to be*) entre un hijo único y otra persona que no lo es? ¿Qué desventajas tiene el hijo único? ¿Qué ventajas? ¿Y el de la familia más grande? ¿Conoce Ud. a algunos mellizos (*twins*)? ¿Cómo se diferencian ellos de otros pares de hermanos? ¿Le gustaría (*Would you like*) ser mellizo? ¿Por qué sí o por qué no?

B. ¿Tiene algún efecto en la personalidad de los hijos el orden de nacimiento? ¿Qué características se asocian con el mayor? ¿con el menor? ¿con el de en medio? ¿En qué posición está Ud.? ¿Qué ventajas tuvo? ¿Qué desventajas?

C. ¿Es natural que los hermanos riñan? ¿que tengan peleas? ¿Cree Ud. que las niñas riñen (*quarrel*) menos que los niños? ¿Qué pueden hacer los padres para evitar los conflictos entre sus hijos? ¿Cómo pueden fomentar la cooperación entre ellos?

D. La foto y los textos sugiere que los hermanos hacen un papel muy importante en la vida de cada persona. ¿Está Ud. de acuerdo? Si tiene hermanos, ¿cuál de estos papeles—maestro, rival, amigo—caracteriza mejor las relaciones entre Uds.? Explique su respuesta con algunos ejemplos específicos. Si Ud. es hijo único (hija única), ¿cuál de estos papeles es el que Ud. más asocia con la idea de tener hermanos? ¿Por qué?

Hermanos

MAESTROS, RIVALES, AMIGOS...

A través de los hermanos se aprende a compartir y a defender lo propio; a ganar y a perder; a escuchar y a ser oído. Con los hermanos se aprende, ante todo, a vivir en sociedad.

La palabra *hermano* implica ante todo, solidaridad. Pero también la rivalidad y los celos son actitudes propias del vínculo fraternal. No cabe duda de que nuestro primer campo de experimentación de lo que podríamos llamar el «vivir en sociedad», es la familia, y los vínculos que en ella se establezcan van a ser el «molde» que utilizaremos posteriormente para tomar contacto y relacionarnos con las demás personas que nos rodeen. Es algo así como una primera toma de contacto con algo nuevo, que sin duda, marcará la pauta futura de nuestras relaciones sociales en todos los ámbitos.

PRO Y CONTRA

Primer paso: Identificar

Divídanse en dos grandes grupos: uno identificará los argumentos que apoyan la cuestión; el otro identificará los argumentos en contra. Cada grupo debe elegir un secretario (una secretaria) para anotar la información en una sola lista.

Segundo paso: Presentar

Los estudiantes de cada grupo presentarán todas las ideas de su lista, alternativamente, punto por punto. ¡OJO! Esta vez, al presentar cada idea, traten de relacionarla directamente con una idea de la otra columna. El vocabulario a continuación puede ser útil. Su profesor(a) o una persona delegada escribirá «pro» y «en contra» en la pizarra en dos columnas separadas; luego anotará en la columna debida las ideas de cada grupo con respecto al tema.

VOCABULARIO UTIL

es verdad que... pero no se puede disputar que...
hay que recordar que...
no hay duda que... sin embargo debemos reconocer que...
por una parte (un lado)... por otra (otro)...

Tercer paso: Evaluar

Entre todos, examinen las dos listas. ¿Cuál de ellas encuentran más convincente?

A.   La convivencia y los bienes. Un joven estudia para ser médico. Su esposa sacrifica su propia educación para trabajar y pagar los gastos de la casa; la educación del esposo se paga por medio de préstamos (*loans*). Un año después de recibirse de (*graduating as*) médico el esposo, los dos se divorcian. La mujer reclama ahora alguna recompensa por su sacrificio y una porción de los ingresos (*earnings*) de su ex esposo.

——————— AFIRMATIVO ———————   ——————— NEGATIVO ———————

El hombre debe pagar   El hombre no debe pagar
  porque ———.   porque ———.

B.   Unos padres «renacidos al cristianismo» se quejan del uso de ciertos libros empleados en la escuela pública a que asisten sus hijos. Dicen que los libros presentan una visión del mundo y de la vida que va en contra de sus creencias. Quieren que la junta educacional (*school board*) revise todos los libros y retire todos los que no sean compatibles con la ideología de los cristianos «renacidos».

——————— AFIRMATIVO ———————   ——————— NEGATIVO ———————

La junta debe excluir los libros   La junta no debe excluir los
  porque ———.   libros porque ———.

C.   Lean todos el texto que aparece en la página 63. ¿Cuál es la idea básica? Identifiquen el lado afirmativo de la cuestión y el lado negativo; luego continúen con los tres pasos del debate.

La médula del bebé puede salvar a su hermana

HA NACIDO LA ESPERANZA

Marissa-Eve Ayala es una preciosa niña de tres meses cuyo nacimiento ha estado rodeado de polémica. Su madre, Mary Ayala, una californiana de 43 años, se quedó embarazada con la esperanza de que un trasplante de la médula ósea de la niña recién nacida pudiese salvar la vida a su hija mayor, Anissa, que tiene 18 años y está gravemente enferma de leucemia.

LA ULTIMA OPORTUNIDAD

Los médicos del Centro Nacional de Medicina Ciudad de la Esperanza aseguraron que la única forma de salvar la vida a Anissa era efectuar un trasplante de médula ósea. El problema era encontrar un donante cuyo tejido medular fuera compatible con el de la joven, lo que, como comprobó el matrimonio Ayala después de dos años de intensa búsqueda, no resulta nada fácil: es necesario reunir una población de 50.000 personas para tener un 40 por 100 de posibilidades de encontrar al donante idóneo, y sólo en Estados Unidos hay 9.000 personas esperando este tipo de trasplante.

«Esta es la última oportunidad de mi hija Anissa y estoy dispuesta a todo por salvarla», declaró Mary Ayala cuando optó, con el apoyo de los médicos y de toda su familia, por una decisión que posteriormente ha sido muy criticada: concebir un hijo con el propósito de salvar la vida a otro.

EL "BEBE-MILAGRO"

Desde entonces, los padres de Anissa han tenido que ir superando una auténtica carrera de obstáculos para salvar a su hija adolescente. A la avanzada edad de la madre (sólo 73 de cada 100 mujeres entre 40 y 44 años consiguen quedarse embarazadas) se sumaba otra dificultad: unos años antes, el padre se había realizado una vasectomía, por lo que tuvo que pasar de nuevo por el quirófano para ser operado. Incluso superado este escollo, las posibilidades de que la médula del bebé fuera compatible eran sólo del 25 por 100. Por eso, cuando a las nueve de la mañana del 3 de abril nació Marissa-Eve, una niña de 2,8 kilos y con unos antígenos iguales a los de Anissa, sus padres declararon que aquél era «su bebé-milagro».

UNA OPERACION SENCILLA

Gracias al trasplante, las posibilidades de vida de Anissa se incrementan en un 80 por 100. La operación, según varios especialistas consultados, entraña

Con una infinita ternura, Anissa Ayala, de 18 años, sostiene sobre el regazo a su pequeña hermana. Un bebé que sus padres concibieron con el propósito de salvarle la vida.

GAMMA-FLASH PRESS.

muy pocos riesgos para el bebé, que al cabo de una semana regenerará su médula. «Se trata de un procedimiento sencillo, aunque habrá que esperar a que la niña crezca, puesto que será necesario extraerle al menos medio litro de líquido óseo para trasplantárselo a su hermana», explica el doctor Fernández Rañada, responsable de Hematología del Hospital La Princesa de Madrid. La controversia ética desatada en Estados Unidos por el «caso Ayala» (muchos han criticado a los padres por concebir un hijo con un propósito utilitarista) ha cruzado el «charco» y también ha suscitado debate en Europa. «Nadie tiene derecho a criticarnos. Cuando te enfrentas a la posibilidad de que un hijo tuyo muera, haces cualquier cosa por evitarlo», se defiende Mary Ayala. «Además —continúa—, nosotros querríamos igual al bebé aunque su médula no fuese compatible, y, desde luego, tendrá mucho más cariño que si hubiera llegado en otras circunstancias.»

Para Anissa Ayala, el nacimiento de su hermana representa el nacimiento de la esperanza.

COMPOSICION

1. Escriba una escena para una serie cómica de las que se ven en la televisión. En esta serie los esposos cambian sus papeles: la esposa sale a trabajar mientras el esposo se queda en casa para cuidar a los niños y para hacer los quehaceres domésticos.

2. La junta educativa de su comunidad ha votado por incluir un programa obligatorio de educación sexual en todas las escuelas públicas. El programa, que incluye información sobre la homosexualidad, el SIDA (*AIDS*) y las enfermedades venerias, comienza en la escuela primaria y continúa hasta la graduación en la secundaria. Escriba una carta apoyando o criticando esta decisión.

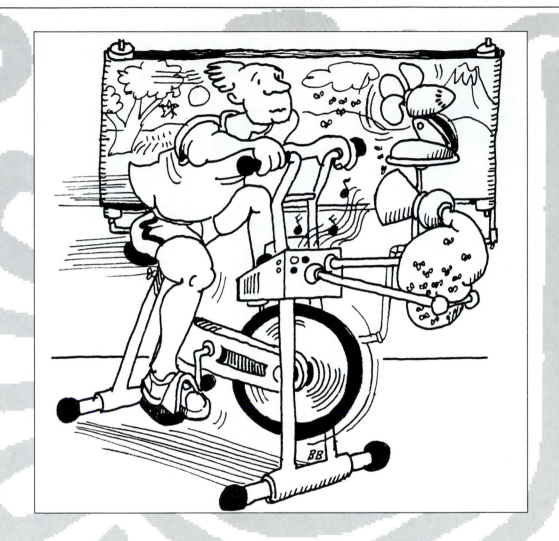

Geografía, demografía, tecnología

DESCRIBIR Y COMENTAR

1. Explique el uso de los aparatos que se ven en el dibujo y señale (*indicate*) el lugar en el que normalmente se espera encontrarlos. Indique, uno por uno, por qué esos aparatos no deben estar donde aparecen en el dibujo.

2. De los aparatos que se ven en el dibujo, ¿cuáles tiene Ud. en casa? ¿Cuáles quiere tener? ¿Qué aparatos no figuraban en la casa media del siglo pasado? ¿Cuáles no van a estar en la casa del siglo XXI? ¿Por qué?

Intercambios

Vocabulario para conversar

APARATOS

el abrelatas can opener
los anticonceptivos contraceptives
el aparato eléctrico appliance
la aspiradora vacuum cleaner
la astronave rocket ship
el autómata robot
la batidora beater
la calculadora calculator
la cámara (fotográfica) camera
la cinta tape
el cohete rocket
la computadora computer
el control de la natalidad birth control
la grabadora/el magnetofón tape recorder
la heladora/el congelador freezer
el horno oven

el juego de video computer game
la lavadora washing machine
la licuadora blender
la máquina de afeitar shaver
la máquina de coser sewing machine
la máquina de escribir typewriter
la nevera/la refrigeradora/el refrigera-dor refrigerator
la pantalla (TV) screen
la probeta test tube
el/la radio radio
el secador hair dryer
la secadora clothes dryer
la televisión television (*program*)
el televisor television set
la tostadora/el tostador toaster

ACCIONES

apagar to turn off
calentar (ie) to heat (*up*)
(des)conectar to (dis)connect
desenchufar to unplug
encender (ie) to turn on (*appliances*)

enchufar to plug in
meter to put in
poner to turn on
sacar to take out

LAS MAQUINAS

A.   Indique los aparatos que se utilizan para hacer lo siguiente.

1. lavar la ropa
2. hacer una grabación (*recording*)
3. escribir un libro
4. preparar una comida
5. sacar una foto
6. lavar los platos

Ahora, usando mandatos, dé instrucciones para el uso de estas máquinas.

B.   Imagine que se acaba de descubrir que los siguientes aparatos pueden ser peligrosos (*dangerous*) para la salud. ¿Cómo va Ud. a realizar la acción propia del aparato sin usarlo?

1. la aspiradora
2. el horno
3. el secador
4. la batidora

C. Pronto va a ser su cumpleaños. Sus padres le dieron una lista de posibles regalos y Ud. tiene que decidir cuáles quiere recibir y cuáles no. Seleccione Ud. sus regalos, explicando a sus padres el porqué de cada decisión.

> MODELO: una radio →
> Quiero que me den una radio porque me gusta mucho la música y me ayuda a estudiar.

1. un televisor en color
2. una cámara
3. una calculadora
4. Nintendo
5. una manta (*blanket*) eléctrica
6. un cepillo de dientes (*toothbrush*) eléctrico

COMUNICACION CREATIVA

A. Tanto en inglés como en español, el nombre de muchos aparatos es la suma de una forma del verbo que expresa la acción realizada por el aparato y el sustantivo que recibe esa acción verbal. En inglés el orden es: sustantivo + verbo → *can opener*. En español el orden es al revés: verbo + sustantivo → **abrelatas**. Generalmente estas palabras compuestas (*compound*) son masculinas.

1. Identifique en inglés los siguientes objetos y explique en español lo que hacen.

   a. el cortacésped
   b. el matamoscas
   c. el espantapájaros
   d. el sacacorchos
   e. el sacapuntas
   f. el paraguas

2. Exprese estas palabras en español. Entre paréntesis tiene los términos indispensables para formar la palabra.

   a. skyscraper (**rascar: el cielo**)
   b. back-scratcher (**rascar: la espalda**)
   c. snow blower (**quitar: la nieve**)
   d. paper cutter (**cortar: el papel**)

B. Aparecen nuevos inventos todos los años. Explíquele a Luis el uso de los siguientes inventos.

1. a video cassette recorder
2. a garage door opener
3. an answering machine
4. a FAX machine
5. a hot tub
6. a smoke detector

LA HUMANIDAD Y LA MAQUINA

A. Una máquina para todos. Se acaba de inventar una máquina maravillosa que puede adaptarse a los usos de cualquier cliente. ¿Qué usos tiene para la máquina cada una de las siguientes personas o animales?

> MODELO: un matemático →
> Un matemático quiere que la máquina le ayude a resolver los problemas matemáticos.

RESPONDE LA SECRETARIA DEL SEÑOR...

1. una profesora
2. un padre
3. un niño pequeño
4. un perro
5. una dentista
6. una secretaria
7. *Sugiera un individuo a la clase.*

B.   Los inventos. Ud. trabaja en una oficina de patentes, en la que se reciben muchas solicitudes para patentar nuevos inventos. Examine los siguientes diseños e identifique la función de los aparatos. ¿Son útiles todos los inventos?

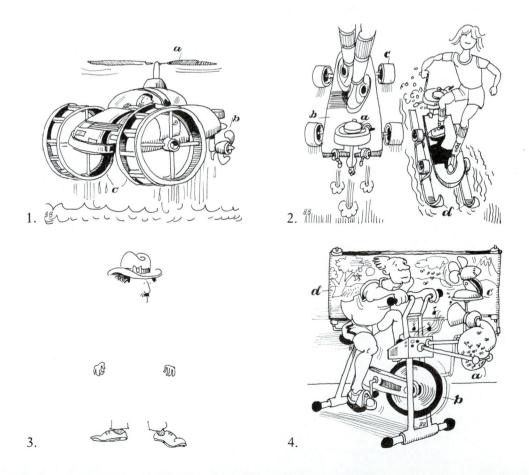

5.

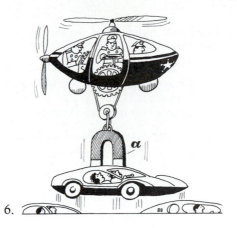

6.

C.   Mire el dibujo de la página 70. ¿Qué hace el autómata? ¿Quién es el «señor»? ¿Es discriminatorio el dibujo respecto al sexo? ¿Por qué sí o por qué no? ¿Representa algunos estereotipos? Explique.

D.   ![icon] **¡Necesito compañero!**   Con un compañero de clase, consideren los siguientes inventos y determinen si han sido útiles o no a la civilización moderna. ¿Cuál les parece que ha tenido (*has had*) el mayor impacto en la vida del hombre? Expliquen sus respuestas. Al terminar, comparen sus opiniones con las del resto de la clase.

la cirugía plástica (*plastic surgery*)   la bomba atómica
Nintendo   la aspiradora
la televisión   la máquina de coser
el coche   el avión

Pueden agregar otros inventos si quieren.

Estrategias para la comunicación

En mi opinión   *Talking about facts and opinions*

We usually think of facts as objective, impersonal information based on concrete data. We think of opinions as being more subjective or judgmental: our own personal view of a particular situation. This difference can be seen in the way we communicate facts and opinions. We present facts in short statements; we introduce opinions with phrases such as "I believe" or "I think."

Juan tiene un libro en la mano.   *John has a book in his hand.*
Creo que Juan es un hombre   *I think that John is a nice man.*
   simpático.

On the other hand, when we are not sure of our facts, we may introduce them with phrases such as "I think," and we often present opinions as if they were facts accepted by everyone.

Creo que Juan tiene un libro en la mano.	*I think that John has a book in his hand.*
Juan es un hombre simpático.	*John is a nice man.*

Here are some ways to introduce facts and opinions in Spanish.

─────────────────────── FACTS ───────────────────────

Como (bien) se sabe,...	*As is (well) known, . . .*
Está claro que...	*It is clear that . . .*
Es un hecho que...	*It is a fact that . . .*

─────────────────────── OPINIONS ───────────────────────

En mi opinión...	
A mi parecer...	*In my opinion . . .*
Según lo veo yo,...	*As I see it, . . .*

Practice the preceding communication strategies—and those from other chapters—in these situations.

A. Usando algunas de las expresiones anteriores, formule una oración objetiva y otra muy subjetiva acerca de cada uno de los siguientes temas.

1. los presidentes republicanos   2. el crimen y la pobreza en las ciudades grandes
3. la competencia por las notas en las universidades   4. el sistema de notas *pass-fail*
5. la energía nuclear

B. ¡**Necesito compañero!**   Con un compañero de clase, hagan y contesten preguntas para averiguar sus opiniones personales con respecto a las siguientes afirmaciones.

1. El hambre es el resultado inevitable de la sobrepoblación.   2. Dos personas de distinta religión no debieran (*should not*) casarse.   3. Para graduarse en la universidad cada estudiante debe presentarse a unos exámenes comprensivos.   4. El presidente debe tener poder absoluto de declarar la guerra a otro país.   5. La educación universitaria debe ser gratis, es decir, debe ser un derecho para todo el mundo.

E. ¡**Necesito compañero!**   Hay varios inventos que en realidad nos facilitan mucho la vida. Algunos datan de los remotos tiempos de los egipcios, otros son producto de la casualidad o fruto del ingenio humano para resolver las pequeñas molestias (*hassles*) de todos los días. En la página 74 tienen unos cuantos clasificados por orden alfabético. Trabajando con un compañero de clase, ¿pueden Uds. poner cada descripción de la página 73 con el invento apropiado? Hay un invento en la lista que tiene un carácter especialmente español, ¿pueden Uds. identificarlo? ¿Hay otros inventos que Uds. agregarían (*would add*) a la lista?

❶ Inspirado en el sistema de señales codificado por Gran Bretaña en 1818, la señalización de las calles por tricolores comienza en el campo inglés en 1838. Después la ciudad de Londres aplicó, a partir de 1868, un sistema análogo para intentar organizar la circulación. En los Estados Unidos, en un intento por canalizar su gran parque automovilístico, aparecen en Cleveland, en 1914, los... bicolores, y después los tricolores en Nueva York. En París la primera señal luminosa empieza a funcionar el 5 de mayo de 1923. Era una luz roja acompañada de una pequeña campanilla, que se activaba manualmente. La luz verde y la naranja serán utilizadas 10 años más tarde.

❷ Si la aparición a finales del siglo pasado de la pluma estilográfica revolucionó el mundo de la escritura, el surgimento de este aparato suposo el *súmmum*. Tan maravillosa idea se la debemos a un astuto húngaro, Ladislas Josef Biro, que sustituyó la tinta ordinaria por una mucho más grasa y la antiquísima plumilla por una bolita de metal duro. Una genealidad que la firma francesa Bic supo aprovechar, ya que en 1953 lanzaba al mercado el primer... desechable de la historia. Desde entonces el modelo original ha sufrido pocas variaciones.

❸ Aunque puedan parecer un invento de la tecnología moderna, ya se conocían en el Renacimiento. Leonardo Da Vinci fue el primero que se le ocurrió la idea, pero sólo se decidió a experimentar con ella. Sin embargo, el francés Descartes, aprovechó las ocurrencias del genio italiano y las empleó por primera vez con fines terapéuticos, aunque no obtuvo demasiado éxito. Hasta finales del siglo XIX no se emplearon para corregir la miopía y fue en 1937 cuando se sustituyó en vidrio puro por el plástico. Desde entonces la tecnología se ha encargado de reducirlas, perfeccionarlas y hasta hacerlas desechables, de usar y tirar.

❹ Judson, un habilidoso mecánico norteamericano, patentó en el 1893 el primer prototipo. Cuentan que, poco después, consiguió hacerse, multimillonario gracias al ingenioso invento. Y no es de extrañar porque el práctico artilugio sustituyó con creces a botoneras y cordones.

❺ Gracias a este sistema revolucionario de adherencia, obra de un montañero suizo en los años 50, podemos prescindir de los botones, cremalleras e incluso cordones en algunas prendas de vestir. Basta con unir cada una de las partes del mismo a la ropa para que ésta quede bien sujeta y no se pueda desprender fácilmente. Para quitarla, tan sólo hay que tirar de un extremo con mucha fuerza y la prenda quedará desabrochada.

❻ Este artilugio tan sumamente útil, que más de una vez nos ha sacado de un apuro al permitirnos preparar rápidamente una comida, data de la década de los 60 del siglo pasado. Lo curioso del invento es que apareció cincuenta años más tarde que las latas. Así de sorprendente e insólito.

❼ Fue un hallazgo muy curioso de un empleado de la firma Johnson & Johnson para curar los cortes que se hacía su mujer en la cocina. Esta brillante idea de cortar en trozos pequeños los vendajes quirúrgicos y pegarlos a continuación en una tira adhesiva se le ocurrió en 1920 cuando estaba en su casa y su mujer sufrió un accidente doméstico. Cuando el Presidente de la empresa se enteró de su invento, no dudó ni un momento de la rentabilidad del mismo y a partir de entonces se empezó a comercializar este pequeño vendaje provisional.

❽ Es el número de telefónica, completamente gratuito, al que todos llamamos cuando no tenemos una guía a mano. Este servicio comenzó a funcionar en España en 1929, pero el número a marcar era el 09 y la operadora sólo proporcionaba datos sobre los abonados. En 1970 se puso en marcha el actual... y se introdujo la mecanización del sistema, que recibía al día 22.000 llamadas. En los 80 se informatizó el proceso y el número de llamadas que recibe el... diariamente, supera con creces el medio millón.

❾ Su origen se remonta a la necesidad de una madre neolítica de calmar los llantos de su retoño. Los expertos afirman que el primer... fue un hueso. Hasta hace cincuenta años cualquier cosa valía para sosegar a los bebés, pero el... con la forma que lo conocemos tiene cinco décadas.

❿ Estos papeles para notas con bordes adhesivos, que sirven para dejar mensajes cuando vas a estar ausente o para recordar un teléfono si eres una persona desmemoriada, son nada menos que fruto de un error. El fracaso que suspuso la aparición de un pegamento experimental que no pegaba, contribuyó a que a un trabajador se le ocurriese la idea de añadir al mismo un trozo de papel dando lugar a los post-it.

abrelatas
alimentos enlatados
ascensor
aspiradora
aspirina
bolígrafo
bombona de butano
calculadora
calendario
cepillo de dientes
cremallera
chupete
003

despertador
encendedor desechable
estropajo de aluminio
frigorífico
hamaca
helados
jabón
lentillas
maquillaje
notas de quita y pon
olla a presión
pañales desechables
penicilina

pila eléctrica
plástico
rayos X
sello de correos
semáforo
televisión
termo
termómetro
tiritas adhesivas
tocadiscos
vacunas
velcro

F. Los inventos que aparecen en la lista de la actividad E han facilitado la vida, no hay duda. Sin embargo, algunos de ellos también han creado problemas con respecto al medio ambiente. ¿Cuáles de los inventos asocia Ud. con problemas ecológicos? Identifique el problema en cada caso.

EL PAPEL NUNCA ES BASURA...

PUEDE UTILIZARSE DE NUEVO.

G. Sondeo Mire este anuncio. ¿Cuál es su mensaje? ¿Qué hábitos quiere fomentar entre la gente? ¿Cuál de estas costumbres tiene Ud.? ¿Cree Ud. que sus compañeros de clase también son activistas con respecto al medio ambiente? Siguiendo los pasos que se han establecido en los capítulos anteriores, haga un sondeo para averiguarlo.

Utilice la siguiente escala para las respuestas.

4 = sí, me describe muy bien	2 = no, raras veces
3 = sí, más o menos	1 = no, en absoluto

Para crear la tabla de resumen al final, reúnase con los otros de su grupo y calculen un promedio para cada pregunta.

Grupo 1

	ENTREVISTADOS		
¿Te describen las siguientes afirmaciones?	**A**	**B**	**C**
1. Siempre trato de comprar productos que no contaminan el medio ambiente.	____	____	____
2. Estoy dispuesto/a a pagar más por productos que no contaminan el ambiente.	____	____	____
3. Trato de reciclar todo el papel que utilizo.	____	____	____

Grupo 2

¿Te describen las siguientes afirmaciones?	**A**	**B**	**C**
4. Creo que se debe prohibir la venta de productos desechables como los pañales y los envoltorios de plástico.	____	____	____
5. Me preocupa mucho la destrucción de los bosques en el Amazonas.	____	____	____
6. Entre comprar un producto de papel y otro de papel reciclado, compro éste.	____	____	____

Grupo 3

¿Te describen las siguientes afirmaciones?	**A**	**B**	**C**
7. Estoy dispuesto/a a conducir menos (y menos rápido) para reducir la contaminación del aire.	____	____	____
8. Reciclo los envases de vidrio y de lata.	____	____	____
9. Si veo un artículo sobre la ecología en el periódico o en una revista, lo leo.	____	____	____

¿Qué revelan los resultados? ¿Es muy activista la clase con respecto al medio ambiente?

TEMAS PARA DISCUTIR

La humanidad y la ciencia

1. Las máquinas traen ventajas y desventajas. Describa un efecto positivo y otro negativo que la mecanización ha tenido para los siguientes individuos y casos.

   a. los obreros (*blue-collar workers*)   e. los médicos
   b. los políticos   f. los pacientes
   c. la comida   g. los estudiantes
   d. las amas de casa   h. la educación

2. *Nintendo* y los juegos de video tienen gran popularidad entre los jóvenes. Algunos creen que tienen consecuencias negativas pero otros no están de acuerdo. ¿Cuáles son algunas de las consecuencias negativas que se mencionan con frecuencia? ¿Qué beneficios proporcionan a los niños? ¿Cuánto tiempo pasa (o pasó) Ud. jugando *Nintendo* u otros juegos semejantes? Cuando tenga hijos, ¿va a controlar el tiempo que dediquen a actividades de este tipo? ¿Por qué sí o por qué no?

3. Hoy en día, se habla con frecuencia de las consecuencias de la invención de la televisión. Algunos la condenan mientras otros creen que trae efectos positivos. Mire las dos tiras cómicas en la página 76. ¿Qué pasa en cada una? ¿Cuál es el punto de vista del caricaturista (*cartoonist*) sobre la televisión? ¿Está Ud. de acuerdo? ¿Por qué sí o por qué no?

La humanidad y el porvenir

1. Como en la película *Regreso al futuro,* hay una máquina que nos puede transportar a una época del futuro. ¿A qué época quiere Ud. ser transportado? Describa los cambios que Ud. cree que va a encontrar. ¿Qué es lo más chocante (*shocking*)?

2. Ahora que los índices de natalidad y mortalidad han bajado (*have gone down*) en los Estados Unidos, el número de jóvenes es menor que el de individuos que tienen más de 40 años. ¿Qué efecto va a tener este cambio en los siguientes aspectos de la vida?

   a. el empleo y el desempleo
   b. el ideal de belleza (*beauty*)
   c. las prioridades de las organizaciones federales
   d. la educación
   e. la propaganda (*advertising*) comercial
   f. los productos de mayor venta (*best-selling*)

3. La ingeniería genética es la ciencia que se va a dedicar a la creación de los futuros seres humanos. Imagine que Ud. es un ingeniero genético (una ingeniera genética) del siglo XXII. Tiene que seleccionar las características físicas y psicológicas humanas que quiere conservar y las que quiere eliminar. Después de dar su respuesta, justifíquela.

Improvisaciones Divídanse en parejas para improvisar una pequeña dramatización. Uno de los estudiantes es ciudadano típico de hoy. El otro es un antepasado suyo del siglo XVIII que resucita milagrosamente y se encuentra en el mundo actual. Explíquele las siguientes invenciones, diciéndole para qué sirven y cómo se usan. ¡Sean originales! El que hace el papel de antepasado debe usar las estrategias de comunicación cuando no entienda las explicaciones. Al final, dos o tres de las parejas deben presentar su dramatización frente a la clase entera.

1. la bombilla eléctrica (*light bulb*)
2. el teléfono
3. el estéreo
4. el refrigerador
5. la máquina de coser
6. ¿ ... ?

PRO Y CONTRA

Siguiendo los pasos que se han establecido en los capítulos anteriores, identifiquen los pro y los contra para los temas a continuación. Los estudiantes de cada grupo deben presentar todas las ideas de su lista, alternativamente. ¡OJO! Al presentar cada idea, traten de relacionarla directamente con una idea mencionada antes por el otro grupo. Este vocabulario puede ser útil.

VOCABULARIO UTIL

es verdad que... pero no se puede disputar que...
hay que recordar que...
no hay duda que... sin embargo debemos reconocer que...
por una parte (un lado)... por otra (otro)...

A. El futuro de la raza humana

——— AFIRMATIVO ———

La ingeniería genética puede ser muy beneficiosa para la raza humana porque...

——— NEGATIVO ———

La ingeniería genética puede ser muy peligrosa para la raza humana porque...

B. La conservación de la energía. A causa de la crisis de energía, el gobierno decide que no debe de usarse ningún aparato eléctrico a menos que (*unless*) sea absolutamente necesario. Haga el papel de uno de los siguientes individuos durante el debate: un maestro de una escuela primaria, una madre, una reportera, un comerciante.

——— AFIRMATIVO ———

Estoy a favor de la televisión porque...

——— NEGATIVO ———

Estoy en contra de la televisión porque...

C. La ciencia avanza... Los nuevos descubrimientos científicos pueden tener aplicaciones positivas y negativas. Imagine que Ud. y sus compañeros de clase son científicos y que tienen que decidir si van a participar en ciertas investigaciones.

——————— AFIRMATIVO ———————	——————— NEGATIVO ———————
Es bueno (necesario, importante) que apoyemos _____ porque...	Es mejor que prohibamos (controlemos, eliminemos) _____ porque...

1. la energía nuclear
2. el control de la natalidad
3. la experimentación con animales
4. la creación de vida en un laboratorio
5. la exploración del espacio

COMPOSICION

1. Ud. acaba de inventar algo que en su opinión va a cambiar la historia de la raza humana. Describa su invención y explique por qué va a tener tal efecto.
2. Ud. forma parte de un grupo de treinta arqueólogos del siglo XXX que descubren restos (*remains*) de la cultura norteamericana del siglo XX. Uds. tratan de reconstruir aquella civilización usando estos restos, que incluyen —entre otras cosas— unos lentes de contacto (*contact lenses*), un frenillo (*retainer brace*), un gorro tipo *Mickey Mouse* y varios libros sobre *Ninja Turtles*. Escriba el informe de los arqueólogos describiendo las características de la civilización desaparecida.

Las computadoras son una maravilla de la tecnología, ¿verdad? ¿Qué hacen los obreros? ¿Por qué lo hacen? ¿Puede Ud. identificar la estatua? ¿Cree Ud. que las computadoras van a reemplazar a las personas? Hoy día, ¿hay computadoras que sean más inteligentes que los seres (*beings*) humanos? En su opinión, ¿cuáles son las posibilidades más interesantes con respecto a las computadoras? ¿Por qué?

Dicen que la necesidad es madre de la inventiva. Explique el dilema que se presenta en esta tira cómica y la solución que inventa la niña. ¿Qué opina Ud. de su solución? ¿Tiene Ud. otra?

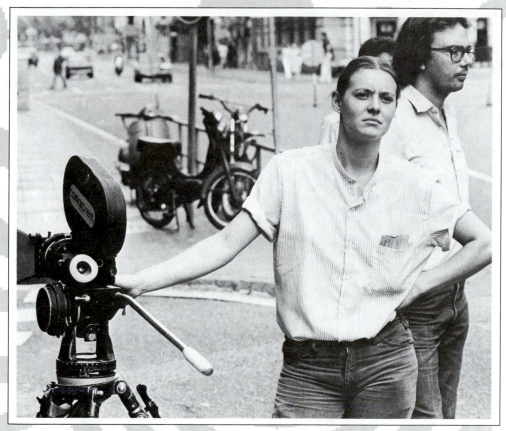

CAPITULO SEIS

Filmadora de películas, Barcelona, España

El hombre y la mujer en el mundo actual

LA FAMILIA DE SUSANA

1852

DESCRIBIR Y COMENTAR

1. Describa las cuatro generaciones de la familia de Susana y las relaciones de parentesco que hay entre sus miembros.

2. ¿Qué papel hacen las mujeres en las tres escenas familiares? ¿Cuál es el

1900

1993

papel de los hombres? ¿Qué hacen los niños?

3. ¿Qué diferencias hay entre lo que hacen los hombres y lo que hacen las mujeres en las tres escenas?

4. ¿Qué cambios se ven con respecto a las relaciones entre los sexos?

Intercambios

Vocabulario para conversar

abrazar to embrace, hug
el/la abuelo/a grandparent
el/la ahijado/a godchild
el/la amante lover
besar to kiss
el/la bisabuelo/a great-grandparent
el/la bisnieto/a great-grandchild
casarse (con) to get married (to)
  estar casado con to be married to
la cita date; appointment
el compadre, la comadre* godparent
  el compadrazgo relation of godparents to godchild's parents
comprometerse (con) to become engaged (to)
el/la cuñado/a brother-/sister-in-law
(des)igual (un)equal
divorciarse to get divorced
el/la esposo/a husband/wife
la feminidad femininity
  el feminismo feminism
el/la hermano/a brother/sister

el/la hijastro/a stepson/stepdaughter
el/la hijo/a son/daughter
el marido/la mujer husband/wife
la masculinidad masculinity
el matrimonio marriage; married couple
el/la nieto/a grandchild
el noviazgo engagement
el/la novio/a boyfriend/girlfriend; fiancé(e)
el padrino/la madrina* godparent
el parentesco relationship (*blood*)
el/la primo/a cousin
querido/a dear
el/la sobrino/a nephew/niece
el/la soltero/a unmarried person
el/la suegro/a father-/mother-in-law
el/la tatarabuelo/a great-great-grandparent
el/la tío/a uncle/aunt
el yerno/la nuera son-/daughter-in-law

EL ARBOL GENEALOGICO

A.   Defina en español los siguientes términos de parentesco: abuelo, cuñado, suegra, hijastro, prima, sobrino, novia, parientes.

B.   De entre todos sus parientes, ¿a quién consulta en los siguientes casos? ¿Por qué?

1. Ud. necesita dinero para ir de juerga (*to go "partying"*).
2. Necesita dinero para comprar los libros de texto de sus clases universitarias.
3. Tiene un problema con su novio/a.
4. Un policía lo/a detuvo y descubrió una pequeña cantidad de marihuana en su mochila (*backpack*).

---

*The words **compadre** and **comadre** refer to the relationship that exists between parents and their child's godparents. The child, however, uses the terms **padrino** or **madrina** to refer to his or her godparents.

5. Sus padres lo/a han echado de casa (*threw you out of the house*).
6. Ud. y su novio/a han descubierto que van a ser padres.

LA DISCRIMINACION SOCIAL DE LOS SEXOS

A. Profesiones y trabajos. ¿Con qué sexo asocia Ud. las siguientes profesiones y trabajos? (Se da aquí sólo la forma masculina.) Explique su respuesta.

F enfermero (*nurse*) M boxeador M camionero (*truck driver*)
F M profesor M carpintero
M albañil (*bricklayer*) basurero F ama de casa
F M bombero (*firefighter*) M soldado F M juez (*judge*)
F M senador M F peluquero (*hairdresser*) M F gimnasta
F F M cocinero (*cook*) F M abogado (*lawyer*) M F bailarín
F M médico M F dependiente (*clerk*) F M comerciante

¿Qué actividades se consideraban tradicionalmente masculinas o femeninas? ¿Cuáles se consideran masculinas o femeninas hoy en día? ¿En qué casos se observa un cambio? En su opinión, ¿hay casos en que nunca va a haber (*there is never going to be*) un cambio? Explique.

Manifestación femenina contra la planta nuclear Laguna Verde cerca de Veracruz, México

B.   ¿Discrimina Ud. a las personas por su sexo? Haga oraciones con un elemento de cada columna. Puede usar el presente o el presente perfecto. Recuerde hacer todos los cambios necesarios.

(No)   Temo   que   el gobierno: no aprobar la ERA
         Quiero   una mujer: ser presidenta
         Creo   las mujeres: ser igual al hombre
         Sé   el hombre: tener miedo a la liberación femenina
         Espero   mi padre: pagar la matrícula (*tuition*)
         Dudo   la mujer: pagar los gastos (*expenses*) de una
         Prefiero   cita
         Es necesario   los niños: aprender actitudes discriminatorias
         Estoy seguro/a   respecto al sexo
         Insisto en   mis padres: preferir a mis hermanos/hermanas
         Me gusta   el hombre: liberarse
         Me molesta   la mujer: tener la obligación de cuidar y criar
                                          (*to raise*) a los hijos
                                        una mujer: ser candidata para vice presidénta
                                        las mujeres: mejorar su situación económica

C.   Filis Feminista y Tomasina Tradicional. ¿Cómo reacciona Filis Feminista en las siguientes situaciones? ¿Cuál va a ser la reacción de Tomasina Tradicional?

Se pone furiosa   que   un hombre le abre la puerta
Se pone contenta   una amiga deja su carrera cuando se casa
Le molesta   un hombre le dice un piropo (*street compliment*)
Le gusta   cuando la ve andar por la calle
                            un hombre quiere cambiarle la llanta desinflada
                              del auto
                            una amiga no recibe el mismo sueldo que recibe
                              un hombre por el mismo trabajo
                            su sobrino quiere una muñeca y su hermana se
                              niega a dársela
                            su hermano tiene cuatro novias

Ahora invente una situación para la clase.

D.   Un regalo para el bebé (Primera parte). Su madre le llama a Ud. para decirle que una prima que vive en otra ciudad dio a luz (*had a baby*) la semana pasada. ¡Es una niña!

Ud. quiere comprar un regalo que la niña pueda usar cuando tenga 3 ó 4 años.

Haga una lista de seis cosas que piensa comprar para regalarle a su nueva sobrinita. (Si se trata de ropa, descríba o haga un dibujo de cada prenda.)

(La segunda parte de esta actividad aparece al final de este capítulo.)

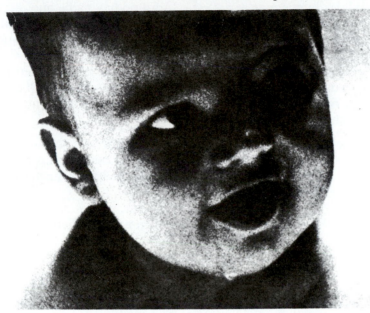

¿Niño o niña?
El futuro de un ser humano no debe depender de su sexo.

Quien tiene la capacidad debe tener la oportunidad

CONDICION FEMENINA
Desarrollo comunitario es cultura

E. **¡Necesito compañero!** Entreviste a un/a compañero/a de clase para averiguar sus opiniones sobre las siguientes situaciones. Luego comparta con la clase lo que ha aprendido sobre su pareja.

1. Tienes un (una) hijo (hija) que acaba de sacar F en todas sus clases. ¿Qué le prohíbes que haga? ¿En qué insistes que haga?
2. Vives con varios amigos que no te ayudan a arreglar la casa. Completa esta oración diciéndoles lo que más te molesta: ¡Aquí no hay nadie que _____!
3. Tú y tu esposo/a no están de acuerdo. Tú quieres quedarte en la ciudad y él/ella quiere mudarse al campo. ¿Cómo puedes convencerlo/la para que cambie de opinión?
4. Imagina que tú ya estás muy viejo/a y que vas a morirte pronto. Piensa en tu vida y en las cosas que has hecho y en las que *no* has hecho. ¿Qué te gusta que por lo menos hayas hecho una vez durante tu vida? ¿Qué te alegra *no* haber hecho nunca?

F. El arte de la persuasión. Filis y Tomasina se casaron con sus novios. Ahora, como madres de familia, quieren influir en la conducta de los miembros de su familia y de las personas que entran en contacto con sus parientes. ¿Cómo van a intentar influir en las siguientes personas?

1. Filis insiste en que su esposo _____, mientras Tomasina prefiere que su esposo _____.
2. Filis quiere una hija que _____ y Tomasina prefiere un hijo que _____.
3. Filis espera que los abuelos de sus hijos _____, mientras Tomasina quiere que los abuelos de sus hijos _____.
4. Filis busca maestros que _____, mientras Tomasina prefiere maestros que _____.

Estrategias para la comunicación

¡Me lo llevo! *Shopping for clothes*

If you go shopping for clothes in the Hispanic world, you will have two major adjustments to make. The first, of course, is getting used to the exchange rate so that you feel confident about interpreting the price of articles. The second is learning the correspondence between American and Spanish or Latin American sizes (clothing size = **la talla**; shoe size = **el número**). For example, a woman who wears a size 10 dress and a size 7 shoe in the United States will want to look at size 40 dresses and size 37 shoes in Spain. Until you learn what sizes you wear, just ask the salesclerk (**el/la dependiente**) to recommend something for you to try on (**probarse**). Here are several other expressions useful when you are shopping for clothing.

1. ¿En qué puedo ayudarlo/la?

Quisiera ver gabardinas (pantalones, camisas, etcétera).	*I would like to look at raincoats (pants, shirts, etc.).*
¿Podría enseñarme chaquetas de caballero?	*Could you show me some men's jackets?*
También quisiera una corbata que haga juego con la camisa.	*I'd also like a tie that goes well with the shirt.*
Gracias, sólo estoy mirando.	*Thank you, I'm just looking.*

2. ¿Se ha decidido?

¿Puedo probármelo?	*May I try it on?*
No sé cuál es mi talla (número).	*I don't know my size.*
¿Qué modelo cree que me vaya mejor?	*What style do you think will look best on me?*
Muchas gracias, pero no era esto lo que tenía pensado.	*Thank you very much, but this isn't what I had in mind.*

3. ¡Le queda fantástico!

Me queda estrecho (grande). ¿Podría darme una talla más (menos) grande (estrecho)?	*It's a bit tight (large). Could you get me a bigger (smaller) size?*
Me queda un poco grande (pequeño). ¿Me pueden estrechar un poco (sacar un poco de) las costuras?	*It's a bit large (small). Could you take it in (let it out) a bit?*
Me queda un poco largo (corto). ¿Me pueden subir (bajar) el dobladillo?	*It's a bit long (short). Could you raise (lower) the hem?*
Me queda fatal. ¡Me hace gordísimo/a!	*It looks awful on me. It makes me look fat!*
Este traje no es de mi estilo.	*This suit isn't my style.*
¡Me lo llevo!	*I'll take it!*
Creo que lo pensaré un poco, gracias.	*I'm going to think it over a bit, thank you.*

Practice the preceding expressions in these situations.

 ¡Necesito compañero!

A. Con uno o dos compañeros de clase, preparen una escena sobre unos turistas norteamericanos que van de compras en España. Usen tanto vocabulario de la lista anterior como sea posible.

B. Con uno o dos compañeros de clase, preparen una lista de tres circunstancias difíciles típicas de cualquier salida de compras—por ejemplo, la ropa de una tienda elegante se arruina totalmente después de un lavado; no aceptan tarjetas de crédito; uno quiere cambiar algo pero ha perdido el recibo (*sales slip*)—para que otros grupos de compañeros improvisen la solución. ¡OJO! En las improvisaciones dramatizadas, se deben usar las estrategias de simplificación y paráfrasis ya estudiadas en vez de buscar todo el vocabulario necesario en el diccionario.

INFORMES ORALES

A. Mire los anuncios de la página 90. ¿Qué se vende en cada uno? ¿Cómo se presenta en cada anuncio al individuo (a los individuos) que aparece en él? ¿En qué cualidades se pone énfasis? En su opinión, ¿es sexista alguno de los anuncios? ¿Por qué?

¡NO TE CORTES!

Pase lo que pase, no te cortes.
Confía en la crema y espuma de
afeitar LEA.
Conseguirás un apurado perfecto.
Y una suavidad que te permitirá dar
la cara en cualquier situación.

LEA

L'ATOUCHE HOMBRE

L'atouche

B. Después, busque un anuncio en un periódico o en una revista en que se noten actitudes discriminatorias respecto al sexo. Explique estas actitudes y coméntelas con sus compañeros de clase. ¿Qué semejanzas o diferencias encuentra Ud. entre su anuncio y los que se comentaron en la actividad anterior?

COMUNICACION CREATIVA

A. En inglés la terminología familiar se usa en muchas expresiones que no tienen nada que ver con el parentesco. Explíquele a Luis, su amigo hispano, el significado de las siguientes expresiones.

1. say "uncle"
2. old lady/old man
3. daddy's girl
4. kissin' cousin
5. mama's boy

B. En español, los nombres que se refieren a personas pueden ser masculinos o femeninos sin que se produzca un cambio en el significado. Sin embargo, hay algunos pares de palabras donde el cambio de género sí produce un cambio radical de sentido. Por ejemplo: **el tío/la tía**. **Tío**, además de aludir a un parentesco familiar, puede significar *good fellow, old man, old guy*. Por otro lado, **tía** expresa, además de una relación de parentesco, una idea despectiva: *old bag, cheap woman*. Otro par de palabras similares es **el hombre público/la mujer pública**. Esta frase quiere decir **prostituta**, mientras que la otra alude a un hombre conocido en el mundo político.

Se ve el mismo fenómeno en inglés. Explíquele a Luis la diferencia que acompaña un cambio de género en los siguientes pares de expresiones.

1. She's a real lady./He's a real man.
2. master/mistress
3. bachelor/spinster
4. He's a professional./She's a professional.
5. mothering/fathering

C. Explíquele a Luis cuándo se debe usar en inglés la palabra *lady* y cuándo se debe usar la palabra *woman*. ¿Y la palabra *girl*? ¿Es lo mismo llamar a una mujer *girl* que llamar a un hombre *boy*? Explique.

ACTITUDES HACIA LA PROSTITUCION

Sondeo La actitud hacia la prostitución ha variado de un siglo a otro y difiere de cultura a cultura y de persona a persona. ¿Qué opina la clase al respecto? Siguiendo los pasos que se han establecido en los capítulos anteriores, haga un sondeo de la clase para averiguarlo. Llene el formulario con los datos que recoge, utilizando esta escala para las respuestas:

5 = estoy de acuerdo	3 = depende	1 = no estoy de acuerdo

Si la respuesta es «depende», ¡no olvide de investigar el porqué de esa respuesta!

Para crear la tabla de resumen al final, reúnase con los otros de su grupo y calculen un promedio para cada pregunta.

Grupo 1

¿Qué opinas de la prostitución?

	ENTREVISTADOS		
	A	B	C
1. La prostitución debe ser legal en cualquier circunstancia.	___	___	___
2. La prostitución debe ser legal sólo entre mayores.	___	___	___
3. Nuestra sociedad trata a los prostitutos de la misma manera que a las prostitutas.	___	___	___

Grupo 2

¿Qué opinas de la prostitución?

	A	B	C
4. Si la prostitución fuera (*were*) legal, sería (*it would be*) más fácil combatir ciertas enfermedades.	___	___	___
5. Si la prostitución fuera legal, las prostitutas tendrían (*would have*) las mismas prestaciones sociales y derechos que los miembros de otras profesiones: la huelga, el seguro médico, etcétera.	___	___	___
6. Las personas que trabajan como modelo en revistas o películas pornográficas se prostituyen.	___	___	___

Grupo 3

¿Qué opinas de la prostitución?

	A	B	C
7. Debe ser ilegal trabajar como modelo en revistas y películas pornográficas.	___	___	___
8. La ley debe castigar tanto al cliente como a la prostituta.	___	___	___
9. Es buena idea hacer públicos los nombres de los clientes de las prostitutas.	___	___	___

TEMAS PARA DISCUTIR

1. En algunas religiones, no se le permite a la mujer ser ministro de su iglesia. ¿Qué razones se dan para excluir a las mujeres? ¿Qué opina Ud. de estas razones?

2. ¿Cree Ud. que el servicio militar deba ser obligatorio tanto para las mujeres como para los hombres? ¿Deben ponerse algunas restricciones a los trabajos militares que una mujer puede realizar? Explique.

3. Mire el dibujo a continuación. ¿Dóndé está la mujer? ¿Qué hace? ¿Por qué lo hace? ¿Qué contradicción hay entre lo que acaba de hacer y lo que hace en el dibujo?

4. Para las ceremonias de graduación, las universidades invitan a una persona famosa para pronunciar un discurso. Ud. y sus compañeros están para graduarse y tienen que preparar la invitación de su universidad. En grupos de tres o cuatro personas, preparen una lista de tres hombres y tres mujeres famosos que quieren invitar, indicando los atributos que posee cada uno que justifican su elección. Después comparen su lista con las de los otros grupos. ¿Qué atributos fueron de mayor importancia para la clase entera? ¿Apareció un nombre en más de una lista? ¿en más de dos listas? ¿Qué atributos posee esta persona?

5. Nuestra formación social puede afectar profundamente tanto nuestra auto-percepción como la manera en que nos relacionamos con los demás. Sin embargo, esta influencia a veces puede tomar formas muy sutiles. Lea

brevemente el texto que aparece a continuación. ¿Esta Ud. de acuerdo con la opinión de la psicóloga María Eugenia Aguirre de que «estamos hechas para vivir en pareja»? ¿Cree Ud. que esta idea se aplica solamente a las mujeres? En su opinión, ¿es feminista la autora del artículo? ¿Por qué sí o por qué no? ¿Qué opina de sus consejos? ¿Tendría Ud. otras sugerencias?

¡Me falta algo!

Sin un hombre al lado, la vida de muchas mujeres carece de sentido. Sin embargo, la compulsión y la ansiedad alejan a los posibles candidatos.

Como la mayoría de las mujeres que se separan, Patricia vivió primero una etapa de dolor y de sufrimiento y, luego, comenzó a gozar de su nuevo estado, sintiéndose tranquila y satisfecha. Sin embargo, esta sensación de serenidad y de paz no duró mucho porque, a medida que pasaba el tiempo, Patricia empezó a inquietarse y a frustrarse por la falta de pareja.

A su alrededor, Patricia comenzó a descubrir numerosas mujeres que se encontraban en su misma situación y que no lograban entender lo que les pasaba. En general, eran mujeres atractivas, inteligentes y simpáticas, pero se sentían angustiadas y deprimidas porque no eran capaces de establecer una relación amorosa estable.

Según la psicóloga María Eugenia Aguirre, lo que sucede en el fondo es que estamos hechas para vivir en pareja.

—Querámoslo o no— señala, —hayamos o no madurado lo suficiente, la verdad es que en nuestra formación está tan arraigada la pareja que no es fácil aprender a vivir de otra manera. Cuando no tenemos pareja, empezamos a sentir que nos falta algo, casi como si fuera una parte de uno. Es tal la carencia, que nuestra vida comienza a girar en torno a conseguir esa pareja sin que nada más tenga importancia. A veces este objetivo se convierte en una verdadera obsesión y aunque tengan una vida satisfactoria, con un trabajo estimulante, una buena relación con los niños y una vida social entretenida, muchas mujeres se vuelven incapaces de gozar esta situación objetiva, porque la falta de pareja hace que todo se vea negro.

Además de la influencia de nuestra formación, existe una fuerte presión social que hace difícil el estar sola. La gente pregunta y se sorprende cuando alguna mujer no tiene al menos un acompañante. Los amigos—amorosamente—se encargan de presentar candidatos y de inventar panoramas entretenidos que atraigan a Cupido.

—Todo esto— dice la psicóloga —no sólo no ayuda sino que hace que las mujeres solas se sientan incómodas y empiecen a pensar que algo está fallando en ellas y que, por eso, no logran atraer a nadie. Al llegar a esta etapa, es probable que hagan cualquier cosa para probarse a sí mismas y al mundo que son capaces de conseguir un hombre.

Sin embargo, es justamente esa compulsión y esa ansiedad la que, en la mayoría de los casos, produce un rechazo instantáneo en los posibles candidatos o se traduce en una relación con una pareja inadecuada. Como no hubo una verdadera elección afectiva sino que se trata de una unión que simplemente «resultó», lo más probable es que no durará mucho y que se vuelva nuevamente al punto inicial.

María Eugenia Aguirre señala que es necesario reconocer que en nuestra sociedad hay una parte de la forma de ser de la mujer que requiere de una pareja, lo que implica afecto, estabilidad y compañía. Sin embargo, dice, muchas de esas cosas pueden encontrarse sin necesidad de un marido y sin que la meta deba ser ésa. Si la actitud compulsiva se convierte en una actitud serena, en la cual se acepta la necesidad de una pareja pero no se considera indispensable, se puede lograr una vida tranquila y feliz aun estando sola. Y lo más probable es que viviendo de ese modo, se consiga una pareja sin mayores dificultades y sin tanto esfuerzo.

LOS MEDIOS DE COMUNICACION Y LOS PAPELES SEXUALES

Según algunos expertos es posible ver en los personajes masculinos de la televisión y del cine una evolución progresiva en la imagen del hombre ideal. ¿Está Ud. de acuerdo?

A. A continuación hay tres categorías de hombre ideal. Según el nombre apuntado (*listed*) en cada lista, ¿qué características o valores representa el hombre de cada categoría?

HOMBRE IDEAL 1	HOMBRE IDEAL 2	HOMBRE IDEAL 3
Rambo	Kevin Costner	Captain Picard

B. **¡Necesito compañero!** Con un/a compañero/a de clase, decida en cuál de las categorías anteriores deben colocarse los siguientes individuos. ¿Qué otros personajes de Hollywood podría (*could you*) agregar a la lista?

Chuck Norris	Charles Bronson	Bill Cosby
Captain Kirk	Matlock	James Bond
Indiana Jones	Arnold Schwarzenegger	Alan Alda

¿Se podría (*Could one*) justificar otra manera de agrupar a los individuos? Explique. Compare sus resultados con los de los otros grupos.

C. ¿Cree Ud. que la imagen de la mujer ideal ha evolucionado también? Haga una lista de los personajes femeninos más importantes de la televisión y del cine, tratando de incluir algunos de hace por lo menos diez o quince años. ¿Cuántas categorías de mujer ideal tiene? ¿Qué características o valores representa la mujer de cada categoría? ¿Hay alguna evolución evidente?

D. **Guiones** La película *Fatal Attraction* con Michael Douglas, Glenn Close y Anne Archer presentaba una aventura amorosa entre un hombre casado y una mujer soltera. En grupos de tres o cuatro personas, narren la historia de la película *Fatal Attraction* según se ve en los dibujos en la página 96.

E. ¿Quién fue la persona responsable del desenlace de *Fatal Attraction*? ¿Tuvo alguna responsabilidad el marido o fue víctima de la mala suerte al dejarse seducir por una mujer obsesionada y loca? En su opinión, ¿cuál es la moraleja de la película?

Lo que comenzó como una _____ entre un hombre y una mujer tuvo un final completamente sorprendente.

La vida de un hombre de negocios felizmente casado y padre de familia es interrumpida por su encuentro con una bella mujer professional cuyas exageradas reacciones psicológicas

_____ ectrizante.

Un triangulo pasional, en el que el amor y la _____ acción obsesiva sin limites, combinados con el _____ or y el suspenso, hacen de esta pelicula una _____ las mejores de los ultimos tiempos.

1.

2.

3.

4.

5.

6.

7.

¿De dónde viene la muchacha? ¿Qué va a decir la madre? ¿Refleja este dibujo algún prejuicio de tipo sexual? ¿Cree Ud. que se debe educar a los niños sin discriminación de sexo?

—¿Es esa la forma de recibir a alguien que metió tres balones°
en la portería?

metió... *scored three*
touchdowns

PRO Y CONTRA

Siguiendo los pasos que se han establecido en los capítulos anteriores, identifiquen y presenten (alternando y relacionando los puntos entre sí) los pro y los contra para los temas a continuación. Para cada tema, ¿qué punto de vista resulta más convincente?

1. Una niña de 8 años quiere participar en el equipo *Little League* de béisbol.

——————— AFIRMATIVO ———————   ——————— NEGATIVO ———————

Se le debe dar la oportunidad de   No se le debe dar la oportunidad
jugar porque...   de jugar porque...

2. Una periodista publica la noticia de un caso de violación entre conocidos y da el nombre de la víctima. La periodista mantiene que el no publicar los nombres de las víctimas ayuda a perpetuar esta clase de delitos porque no se llama la atención pública a una situación que realmente existe. Mantiene, también, que el silencio por parte de la sociedad es una manera pasiva de condonar el delito y que es necesario cambiar esta actitud del público. La víctima ha puesto una demanda por daños (*sues for damages*).

——————— AFIRMATIVO ———————   ——————— NEGATIVO ———————

La víctima debe ganar el pleito   La víctima no debe ganar el
porque...   pleito porque...

3. Durante los primeros años de su matrimonio, el esposo de una pareja trabajó mientras la esposa estudió para hacerse abogada. Ahora ella gana mucho más que él. Se van a divorciar.

——————— AFIRMATIVO ———————   ——————— NEGATIVO ———————

Ella debe pasarle a él alimentos   Ella no debe pasarle nada
   (*alimony*) porque...   porque...

Un regalo para el bebé (Parte dos). Acaba de pasar un hecho raro: Su mamá
le llama de nuevo y le dice que se equivocó con respecto al sexo del nuevo
bebé. ¡No es una niña sino un niño!

De los seis regalos que Ud. pensaba comprarle al bebé, ¿cuáles ya no son
apropiados ahora que Ud. sabe que su sexo es masculino?

COMPOSICION

Escriba un párrafo que complete estas ideas.

1. La mujer liberada es la que _____.
2. El hombre masculino pero no machista es el que _____.
3. Escriba la historia de *Fatal Attraction* según los dibujos de la página 96.

CAPITULO SIETE

Anuncio delante de la iglesia en Zopopán, México

El mundo de los negocios

DESCRIBIR Y COMENTAR

1. ¿Quién es el hombre que se ve en el primer dibujo? ¿En qué basa Ud. su respuesta? ¿Quién es la mujer que le da un sobre al hombre? ¿Quién es la otra mujer? ¿Qué clase de oficina es?

2. ¿Qué pasa en el segundo dibujo? ¿Por qué está enojado el obrero? ¿Por qué

le grita el supervisor? ¿Qué sentimientos reflejan las caras de los otros obreros? ¿Por qué?

3. ¿Qué pasa en el tercer dibujo? ¿Qué significan los letreros? Imagine que Ud. es uno de los obreros. ¿Qué escribiría (*would you write*) en los letreros en blanco? ¿Quiénes son las personas que entran en la fábrica? ¿Qué les dicen los que llevan los letreros? ¿Por qué?

Intercambios

Vocabulario para conversar

el anuncio advertisement
la asistencia pública welfare
　　(*payments*)
la automatización automation
el aviso notice
los beneficios benefits
la Bolsa stock market
el comerciante merchant
la competencia competition
el consumidor consumer
el desfalco embezzlement
despedir (i, i) to fire, dismiss
la entrevista interview
la fábrica factory
la gerencia management
　el gerente manager
la huelga strike
el impuesto sobre la renta income tax
la industrialización industrialization
la investigación research
jubilarse to retire
　la jubilación retirement

la línea de asamblea assembly line
el materialismo materialism
la mecanización mechanization
el mecanógrafo stenotypist
el obrero worker
el personal personnel
el préstamo loan
la producción en masa mass
　　production
la propaganda propaganda;
　　advertisement
la salud pública public health
la seguridad safety
　los seguros insurance
el sindicato union
　el sindicalista union member
el soborno/la «mordida» bribe
la solicitud application
la taquigrafía shorthand

TRABAJADORES Y CONSUMIDORES

A.　El empleo internacional. Cuatro compañías con oficinas en el extranjero le han ofrecido a Ud. un puesto de vendedor (vendedora). Todas las compañías quieren que vaya a un país en vías de desarrollo (*developing*) para vender su producto. Ud. tiene que elegir una de las cuatro ofertas, que son de la Coca-Cola, de la Ford, de la Dow Chemical y de la IBM. ¿Cuál de ellas va a elegir Ud.? Explique su respuesta.

Después de cuatro años, la compañía que Ud. eligió le ofrece un traslado a uno de los siguientes países. ¿Cuál de ellos prefiere Ud.? ¿Por qué?

1. India
2. Japón
3. Hungría
4. Venezuela

Después de otros cuatro años, Ud. tiene mucha experiencia y puede buscar trabajo en cualquier compañía de cualquier país. ¿Dondé quiere Ud. trabajar y para qué compañía? Explique su respuesta.

B. Consejero de empleos. Ud. es consejero/a en una universidad. Tiene que aconsejar a los estudiantes sobre distintos tipos de empleo. Comente las siguientes posibilidades laborales, explicando las ventajas y desventajas de cada una.

1. trabajar para sí mismo/a / trabajar para otro/a
2. trabajar para una compañía grande / trabajar para una compañía pequeña
3. trabajar como gerente / trabajar como empleado/a
4. trabajar para el gobierno / trabajar en el sector privado
5. ser miembro de un sindicato / ser un trabajador (una trabajadora) independiente

C. Psicólogo industrial. Ud. es un psicólogo (una psicóloga) industrial y durante unos años tuvo un contrato con una gran empresa. En la compañía había muchos cambios de personal que provocaban un bajo nivel de producción. Ud. tenía que hacer una serie de recomendaciones para asegurar que los obreros permanecieran en sus puestos y que fueran más productivos. ¿Qué recomendaciones ofreció Ud. a los directores de la compañía? ¡OJO! Ud. *no* pudo recomendar que aumentaran los sueldos.

EL DINERO Y LA CALIDAD DE VIDA

A.   Las tarjetas de crédito

1. ¿Tiene Ud. una tarjeta de crédito? ¿Ha tenido un efecto positivo o negativo en su vida? Explique. Si Ud. usa una tarjeta, ¿trata de saldar (*to pay off*) la cuenta cada mes? En general, ¿cree Ud. que es bueno o malo tener una tarjeta de crédito? ¿Por qué? ¿Por qué piensa Ud. que el uso de estas tarjetas es tan frecuente hoy en día?

2. ¿Es fácil o difícil obtener una tarjeta de crédito? ¿Qué se necesita para obtener una? ¿Qué personas tienen dificultad en obtener una tarjeta? ¿Hay una edad mínima para obtener una tarjeta de crédito? ¿Debe haber una? ¿Por qué sí o por qué no?

B. 🗫 **¡Necesito compañero!**   ¿Ha solicitado Ud. alguna vez una tarjeta de crédito? Mire el formulario de la página 105. Trabajando con un compañero de clase, analicen el formulario para contestar las siguientes preguntas. Luego compartan con el resto de la clase lo que han aprendido.

1. En los Estados Unidos, en este tipo de formulario se piden los siguientes datos. ¿Se piden también en el formulario español? Indiquen dónde.

   a. your name
   b. your age
   c. your home address
   d. your social security number
   e. The «estado civil» section asks for information about your marital status. What do you think the four initials stand for?

   f. what you do for a living
   g. how long you've worked there
   h. your spouse's profession
   i. spouse's gross income
   j. what your assets are
   k. what your debts are

2. ¿Qué diferencias notan Uds. entre la manera de pedir información sobre *name* y *age* en el formulario español comparada con la de un formulario inglés? ¿Hay información que se pide para extender la tarjeta española que *no* se pide para extender una tarjeta norteamericana?

C. 🗫 **Sondeo**   ¿Controla su vida el dinero? Estudios recientes indican que la actitud del norteamericano medio hacia el dinero es muy diferente hoy de lo que era hace treinta años. Según los estudios, los norteamericanos ahora piensan más en como *gastar* el dinero y menos en como *ahorrarlo*. ¿Qué actitud tiene la clase?

Siguiendo los pasos establecidos en los capítulos anteriores, haga un sondeo para averiguarlo. Llene el formulario en la página 106 con los datos que recoge, anotando el sexo de cada persona entrevistada: **V** indica varón (hombre), **M** indica mujer.

Para crear la tabla de resumen al final, reúnase con los otros de su grupo; incluyan en la tabla promedios para las preguntas 5 y 10.

DATOS PERSONALES — Confidencial

Nombre | 1er Apellido | 2º Apellido | C.P.

Dirección

Localidad | Provincia | 1 DNI ☐ | 2 TR. ☐ | 3 PASAPORTE ☐ | NACIONALIDAD

Teléfono | Nombre como desee que figure en la Tarjeta

Fecha nacimiento
Día ☐ (1) | mes ☐ (2) | año ☐ (3) | Sexo V ☐ (1) M ☐ (2) | Estado Civil C ☐ (1) S ☐ (2) V ☐ (3) D ☐ (4) | N.º personas a su cargo ☐

Nombre Cónyuge | 1er Apellido | 2º Apellido

1 DNI ☐ | 2 TR. ☐ | 3 PASAPORTE ☐ | NACIONALIDAD

Es imprescindible adjuntar fotocopia del D.N.I. En caso contrario llame gratis al **900 120 200**

DATOS PROFESIONALES (Propios) — Confidencial

Pensionista 1 ☐ | Trabajador 4.1 ☐ cuenta propia | 4.2 ☐ cuenta ajena
Estudiante 2 ☐ | Profesión
Ama de casa 3 ☐ | Ingresos brutos | Ptas. año
Nombre de la empresa | Actividad
Dirección | C.P.
Localidad | Provincia
Tel. | Antigüedad ☐ años | Cargo
N.º de empleados | Antigüedad profesional en la empresa anterior ☐

DATOS DE LA EMPRESA (Cónyuge)

Nombre de la empresa | Cargo que ocupa
Antigüedad ☐ años | Ingresos brutos | Ptas. año
Teléfono

DATOS PATRIMONIALES — Confidencial

Bienes | Amortizaciones y/o cargas

Piso — VALOR — Ptas. | Piso 1 ☐ propio | Pagos mensuales × | N.º de meses pendientes
Antigüedad ☐ años | 2 ☐ alquiler | Pagos mensuales
| 3 ☐ Viviendo con padres o familiares
Coche — VALOR — Ptas. | Coche ☐ | Pagos mensuales × | N.º de meses pendientes

DATOS ESPECIFICOS — Confidencial

Nombre de la Asociación a que pertenece
Provincia de la Asociación | N.º de nietos

DATOS TARJETA

MODALIDAD DE PAGO (*Ver dorso)
1 Pago inmediato.
2 Pago mensual por la totalidad.
3 Pago aplazado en cuotas mensuales (mínimo 10% – máx. 50%) ☐ %
4 Pago aplazado en cuotas mensuales de ☐ .000.- pts. *(mínimo 5.000 -máx. 150.000)

Fecha ___ de ___ de 19___
Firma (Conforme a las Condiciones Generales del dorso)
X

Tarjetas que posee:
Visa 1 ☐ | Diner's 3 ☐ | 4B 5 ☐ | Grandes almacenes 7 ☐
MasterCard 2 ☐ | American Express 4 ☐ | 6.000 6 ☐ | Otras 8 ☐

DATOS DE LA PERSONA PARA LA QUE SOLICITA TARJETA ADICIONAL

Nombre y apellidos como desee que aparezca en la Tarjeta | DNI ☐ | T.R. ☐ | PASAPORTE ☐ | Fecha nacimiento
Firma del solicitante de la Tarjeta Adicional
X

INSTRUCCIONES DOMICILIACION BANCARIA

Muy Srs. mios: Ruego a Vds. que con cargo a mi cuenta
n.º ___ atiendan hasta nuevo
aviso, las órdenes de pago que presentará BANCO SANTANDER
a nombre de ___
autorizándoles expresamente al
intercambio de informes comerciales de riesgo con dicha entidad
Firma del titular X

Banco o Cajas de Ahorros
N.º Sucursal
Dirección
Cód. Postal Localidad
Provincia

Rellene claramente con sus datos. Humedezca las solapas engomadas y cierre. Deposítela en el buzón más próximo, sin sello.

Grupo 1

	A		B		C	
¿Te describen las siguientes afirmaciones?	V	M	V	M	V	M
1. Quiero tener más dinero del que podría usar (*I could ever use*) en toda mi vida.	sí	no	sí	no	sí	no
2. Me molesta cuando compro algo y luego descubro que podría haberlo comprado más barato en otro sitio.	sí	no	sí	no	sí	no
3. Me pone nervioso pensar que no tengo suficiente dinero.	sí	no	sí	no	sí	no
4. Sueño con que algún día seré enormemente rico.	sí	no	sí	no	sí	no
5. ¿Cuántas tarjetas de crédito tienes?	____		____		____	

Grupo 2

	A		B		C	
¿Te describen las siguientes afirmaciones?	V	M	V	M	V	M
6. El dinero puede comprar el amor.	sí	no	sí	no	sí	no
7. Me cuesta tener que pagar por algo, no importa lo que sea.	sí	no	sí	no	sí	no
8. El dinero controla lo que hago y no hago en la vida.	sí	no	sí	no	sí	no
9. Siempre sé exactamente cuánto dinero tengo en el banco o en el bolsillo.	sí	no	sí	no	sí	no
10. ¿Cuánto dinero en efectivo (*cash*) llevas por costumbre en la cartera?	____		____		____	

Grupo 3

	A		B		C	
¿Te describen las siguientes afirmaciones?	V	M	V	M	V	M
11. Con frecuencia compro cosas impulsivamente.	sí	no	sí	no	sí	no
12. Me quejo del precio de las cosas que compro.	sí	no	sí	no	sí	no
13. Creo que el gastar mucho dinero en una cita implica que uno obtendrá alguna recompensa sexual.	sí	no	sí	no	sí	no
14. Compro cosas para impresionar a otros.	sí	no	sí	no	sí	no
15. Con frecuencia compro billetes de lotería.	sí	no	sí	no	sí	no

¿Qué revelan los resultados? Los que diseñaron el cuestionario ofrecen esta clave para interpretarlos.

NUMERO DE RESPUESTAS AFIRMATIVAS	PODER DEL DINERO EN CONTROLAR LA VIDA
0–1	casi ninguno
2–3	débil
4–5	moderado
6–7	fuerte
8+	absoluto

¿Qué le importa más a la clase—gastar el dinero o ahorrarlo? ¿Descubrieron diferencias entre la manera de pensar, de los hombres y las mujeres?

COMUNICACION CREATIVA

Explíquele a Luis el significado de las siguientes frases y oraciones.

1. A stitch in time saves nine.
2. mass-produced
3. store-bought
4. The early bird gets the worm.
5. A penny saved is a penny earned.
6. scab
7. windfall profit
8. perc
9. fringe benefits
10. wildcat strike

TEMAS PARA DISCUTIR

Beneficios y derechos del obrero

1. Explique en español los siguientes tipos de asistencia financiera.

   a. el pago de la asistencia pública
   b. los cupones para comida
   c. el pago del seguro de desempleo
   d. la compensación laboral (*worker's compensation*)
   e. el pago de los seguros sociales
   f. el pago de las pensiones de retiro

2. Imagine que Ud. acaba de heredar una fortuna de la que puede vivir sin trabajar. ¿Qué diferencias hay entre su modo de vivir y el de una persona que vive de la asistencia pública?

3. Hace unos años se cambió la edad de la jubilación de 65 a 70 años. ¿Por qué se hizo esta modificación? ¿Qué efectos positivos y negativos ha tenido? ¿Debe darse la jubilación obligatoria a cierta edad? Si la jubilación se hace obligatoria a cierta edad, ¿puede considerarse como una forma de discriminación o no? Explique. En su opinión, ¿qué edad es la más apropiada? ¿Debe haber otros criterios—en lugar de (*instead of*) la edad—para determinar la jubilación? Explique.

4. Tradicionalmente los sindicatos logran mayores beneficios y salarios por medio de las huelgas (o la amenaza de ellas). Sin embargo, muchas personas creen que no todos los trabajadores deben tener el derecho de declararse en huelga. De los siguientes grupos de trabajadores, ¿cuáles *no* deben tener ese derecho, según Ud.? ¿Por qué?

   a. los médicos
   b. los profesores
   c. los basureros
   d. los abogados

   e. los militares
   f. los carteros (*mail carriers*)
   g. los bomberos (*firefighters*)
   h. los policías

   Además de la huelga, ¿qué otros medios pueden emplear los trabajadores para lograr sus demandas?

5. Imagine Ud. el caso de una compañía que, por varias razones financieras, tiene que reducir su presupuesto (*budget*) drásticamente. Para hacerlo, van a despedir al 40% de los empleados. Estudie los siguientes casos y póngalos en el orden en que según Ud. deben ser despedidos.

   a. **Un hombre de 55 años:** Ya no es un trabajador muy eficiente pero lleva treinta años en la compañía. Antes, cuando era más joven, era uno de los empleados más enérgicos.
   b. **Un negro muy calificado:** Empezó a trabajar para la compañía hace cinco años.
   c. **El hijo del presidente de la compañía:** Es más o menos eficiente, o sea, no es el mejor empleado de todos, pero tampoco es un desastre. Lleva veinte años en la compañía.
   d. **Una mujer embarazada (*pregnant*):** Es una trabajadora muy eficiente que lleva ocho años en la compañía.
   e. **Un hombre de 40 años:** Tiene graves problemas de salud pero es el mejor ingeniero de la compañía. Lleva quince años en su posición actual.

¿Es muy próspera esta fábrica? ¿Respetan el medio ambiente sus dueños? ¿Qué hacen con las multas (*fines*) que se les imponen? ¿Cree Ud. que se debe multar a las grandes empresas cuando contaminan el medio ambiente? En su opinión, ¿quién debe pagar las multas, los accionistas o los directores?

Los hombres y las mujeres ante el trabajo

El siguiente texto y gráficas vienen de un estudio que se hizo en España a finales de 1987. Según este estudio, muchos hombres españoles aceptan la igualdad de la mujer solamente en teoría; en la práctica, las actitudes todavía son bastante tradicionales. Lea el texto y examine las tablas con cuidado. Luego conteste las preguntas en la página 110.

¿«Debería» trabajar la mujer?

La opinión media de los hombres españoles respecto a si la mujer «debe trabajar o no» puede calificarse de «igualitarismo abstracto». Hay acuerdo generalizado
5 respecto a que el trabajo es tan importante para la mujer como para el hombre y que es ella misma quien debe resolver «si trabajará o no». La opinión de que «el puesto de las mujeres está en la casa» sólo se conserva entre los maridos de mujeres que
10 no trabajan fuera (Tabla A).

Sin embargo, para los hombres el trabajo de las mujeres carece de la obligatoriedad (o compulsión) que le asignan para sí mismos. El hombre *debe* trabajar, y eso le autoriza socialmente a
15 reclamarlo como un derecho; la mujer *debería* trabajar y esta condicional que subraya la *voluntariedad del empleo femenino* constituye a la vez un margen de libertad y una limitación de los derechos (Tabla B).

Las opiniones sobre el derecho de las mujeres al trabajo y el desempleo también reflejan esta 20 actitud social: a la afirmación de que el desempleo o el paro es para la mujer menos importante que para el hombre, la reacción dominante oscila entre la indiferencia y el acuerdo. Si se hubiera planteado la suposición inversa—que el paro es más 25 importante para la mujer—se hubiera recogido, sin duda, un mayor desacuerdo... (Tabla C).

Dicho en otros términos, a pesar de una aceptación de la teoría general de la igualdad, los entrevistados no concluyen que la mujer tenga que 30 trabajar fuera igual que el hombre y mucho menos que el hombre tiene que trabajar en casa igual que ellas especialmente en lo referido a la atención de los hijos. «Tus hijos te necesitan en casa» aparece como la más fuerte justificación para 35 limitar el acceso al trabajo de las mujeres (Tabla D).

1. ¿Cuál es una característica que el estudio descubrió que tenía un impacto diferenciador sobre las actitudes de los hombres con respecto al trabajo de las mujeres? ¿Cree Ud. que este factor sería importante si se hiciera el mismo estudio en los Estados Unidos? ¿Qué otros factores se tendrían que tener en cuenta también?
2. El texto dice que la creencia de que el trabajo remunerado es más o menos voluntario para la mujer «constituye a la vez un margen de libertad y una limitación de los derechos». ¿En qué sentido es un margen de libertad para la mujer? ¿Tiene la misma libertad el hombre? ¿Por qué sí o por qué no?
3. Según la Tabla D, muchos hombres reconocen que en teoría padre y madre deben compartir por igual la educación de los hijos. ¿Qué otra información hay en la tabla que implica conflictos en relación a la aplicación de esta teoría a la realidad? ¿Cree Ud. que estas mismas actitudes conflictivas existen en los Estados Unidos? Comente.
4. ¿Qué comparación se puede hacer entre las actitudes de Ud. y sus amistades con las de los españoles? Haga un sondeo entre sus compañeros de clase y de las residencias para averiguarlo. Utilice las mismas preguntas que figuran en las tablas; anote el sexo de sus entrevistados y también especifique si la madre o pareja de cada varón tiene trabajo remunerado.

TABLA A

La ideología	De acuerdo %	En desacuerdo %	Indiferente/ Sin respuesta %
El trabajo es tan importante para la mujer como para el hombre......	86,0	10,3	3,7
El que la mujer trabaje o no es algo que ella misma tiene que decidir...	83,8	10,9	5,3
Lo mejor para la relación de pareja es que ambos trabajen fuera de casa	29,8	52,5	17,8
Es mejor que la mujer no trabaje, su puesto está en la casa..........	38,9	55,4	5,8
La mujer debe estar dispuesta a relegar sus intereses profesionales en favor de la carrera de su marido...	36,7	52,8	10,6
El marido debería estar dispuesto a renunciar en algo en el terreno profesional en favor del desarrollo profesional de su mujer.........	51,2	38,6	10,2

TABLA B

El trabajo de la mujer como autorealización (% de acuerdo)	Total hombres	Maridos de mujeres con trabajo remunerado	Maridos de mujeres sin trabajo remunerado
Es bueno que la mujer trabaje fuera de casa porque le ofrece una posibilidad de autorealizarse..........	69,4	78,9	62,0
Es necesario que la mujer trabaje fuera de casa porque el trabajo doméstico es frustrante y embrutecedor....................	36,9	48,5	32,1

TABLA
C

El derecho de las mujeres al trabajo	De acuerdo %	En desacuerdo %	Indiferente/ No contestan %
La situación de paro es menos importante en el caso de la mujer que en el hombre	48,8	41,3	10,0
La autoestima de la mujer no se resiente por estar en paro, no se siente fracasada	35,7	45,7	18,6
La mujer en paro no debería cobrar el desempleo si su marido gana lo suficiente	32,6	60,4	7,0

TABLA
D

Los hijos (%)	De acuerdo	En desacuerdo	Indiferente/ Sin respuesta
La relación de pareja se dificulta si hay hijos y ambos trabajan fuera de casa	51,9	39,4	8,7
Mientras no vengan los hijos la mujer puede trabajar si lo desea . . .	76,8	17,1	6,1
A menos que lo necesite económicamente, la mujer con niños pequeños no debería trabajar fuera de casa . .	61,3	32,9	5,8
La educación de los hijos es una tarea a compartir por igual por el padre y la madre	97,4	1,7	0,9
Cuando hay niños pequeños, el que gane menos debe quedarse en casa	26,7	62,1	11,2
La mujer tiene instinto para cuidar los hijos que el hombre no tiene . . .	78,9	15,9	5,2
La vida familiar puede funcionar igual de bien si es la mujer la que trabaja y el hombre el que se ocupa de la casa y los niños	42,5	51,1	6,4

La responsabilidad corporativa

1. Ultimamente se exigen mayores responsabilidades a los fabricantes en todo lo relacionado con la seguridad y la calidad de sus productos. Estudie los siguientes casos y decida si el fabricante debe ser considerado culpable y qué indemnizaciones debe dar a los afectados.

   a. Hay un líquido para la limpieza que contiene un veneno peligroso. El limpiador es bebido por un niño de tres años que fallece (*dies*) como consecuencia.
   b. Un alto porcentaje de los obreros que trabajan en una fábrica de asbesto se enferma de cáncer.
   c. Un hombre ingiere una botella de aspirinas y muere.
   d. Una persona se enferma de cáncer en los pulmones. Esta persona fuma tres paquetes de cigarrillos diarios.

e. Se fabrica una medicina en los Estados Unidos pero su venta está prohibida por falta de experimentación. Sin embargo, se permite su exportación. Un estadounidense la compra en el extranjero y sufre trastornos graves en su organismo.

f. *Invente una situación para la clase.*

2. El movimiento a favor de los derechos del consumidor critica la propaganda que engaña: por ejemplo, la práctica de anunciar la venta de ciertos modelos de un producto a un precio muy bajo cuando no hay ningún ejemplo de ese modelo en la tienda. Dé Ud. otros ejemplos de propaganda engañosa. ¿Ha sido Ud. víctima de ella alguna vez? ¿Debe prohibir el gobierno estas prácticas? ¿Cree Ud. que la propaganda es necesaria? ¿Qué factores influyen su decisión de probar un nuevo producto? Explique.

3. ¿Cree Ud. que se debe prohibir toda publicidad sobre el tabaco o las bebidas alcohólicas? ¿Por qué si, o por qué no? ¿Hay otros productos cuya publicidad también debe prohibirse (o limitarse)? Explique.

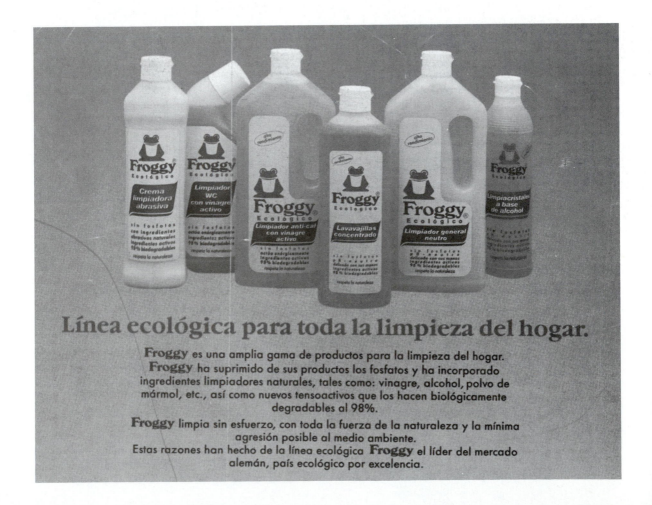

Su hogar limpio

Respetando la naturaleza

Froggy®
E c o l ó g i c o
respeta la naturaleza

Bufalo WERNER & MERTZ s.a.

La responsabilidad consumidora

1. Mire este anuncio. ¿Qué se «vende»? ¿Cómo trata de «atraer» al público? ¿Qué le parece esta técnica—buena o mala idea? ¿Por qué?
2. Ultimamente, muchas personas—a quienes se les llama «consumidores verdes»—han presionado para que se elaboren productos que no dañen el medio ambiente. ¿Sabe Ud. algo de su trabajo? Hasta cierto punto las siguientes compañías/negocios han cedido a la presión del consumidor verde. ¿Puede Ud. identificar el problema ecológico que cada uno ha tratado de reducir?

a. los restaurantes McDonald's
b. los fabricantes de desodorantes y laca para el pelo en forma de aerosol
c. los fabricantes de productos de limpieza
d. la empresa envasadora del atún Starkist
e. Ford, Chrysler, GM

_____ la contaminación del agua
_____ la contaminación del aire
_____ el agotamiento de los basurales (*landfills*)
_____ la matanza indiscriminada de animales
_____ la desforestación
_____ el agujero (*hole*) en la capa de ozono

¿Qué otras compañías o productos asocia Ud. con estos problemas o con su solución? ¿Ud. se considera a sí mismo/a a un consumidor (una consumidora) verde?

IMPROVISACIONES

A. Fórmense cinco grupos de dos estudiantes para entrevistar a tres candidatos para un determinado puesto. Los otros estudiantes de la clase van a ser los candidatos. Se buscan personas para ocupar los siguientes puestos:

1. presidente de una pequeña compañía de cosméticos   2. alcalde (*mayor*) de una gran ciudad norteamericana   3. dietista para la cafetería universitaria 4. vendedor de coches fabricados en los Estados Unidos   5. profesor de español en esta universidad

Después de las entrevistas los dos entrevistadores deben ponerse de acuerdo sobre el candidato que ellos prefieren. Luego deben presentar su candidato a la clase, explicando por qué lo escogieron.

B. Fórmense grupos de tres o cuatro estudiantes. Los estudiantes de cada grupo representan agencias publicitarias que compiten para conseguir un contrato para la campaña de un determinado producto. Después de prepararse los anuncios, las diversas agencias deben presentárselos a la clase, la cual va a votar para determinar cuál de las agencias debe recibir el contrato.

Productos posibles:

1. un detergente
2. ropa interior para hombres
3. caramelos dietéticos

4. un calmante
5. un nuevo tipo de cigarrillo

C. Recientemente, varias empresas han implantado una política de no contratar mujeres para ciertos trabajos. Según esas empresas tales trabajos se consideran perjudiciales para la salud de las mujeres—especialmente para las que pueden tener hijos—y quieren evitar posibles pleitos (*lawsuits*). Las mujeres protestan esta política.

Uds. participan en una mesa redonda (*round table*) sobre este problema. En grupos de cuatro, improvisen una dramatización en la que estén presentes las dos partes. Los papeles que se pueden representar son

> los abogados de la empresa
> los abogados de las mujeres
> una mujer que quiere uno de estos trabajos y está dispuesta a
>   arriesgarse (*to take the risk*)
> varios hombres que trabajan en la empresa

INFORMES ORALES

Prepare un informe breve sobre uno de los temas siguientes.

1. the Better Business Bureau
2. Ralph Nader
3. Andrew Carnegie
4. Jimmy Hoffa
5. Henry Ford
6. the ILGWU
7. the EPA
8. Michael Milken
9. Greenpeace

COMPOSICION

1. Imagine que Ud. es un periodista que investiga las actividades de una gran empresa. Por casualidad descubre que la compañía está tapando (*covering up*) la divulgación de los efectos dañinos de su principal producto. Invente Ud. un producto y su efecto. Luego escriba la denuncia en forma de un artículo periodístico.
2. Escriba un comentario sobre uno de los dichos (*sayings*) siguientes.

   a. Si es bueno para el mundo de los negocios, es bueno para América.
   b. No importa tanto lo que sabes sino a quien conoces.

CAPITULO OCHO

Inglesia cerca de Mitla, México

Creencias e ideologías

DESCRIBIR Y COMENTAR

1. Comente los estereotipos políticos que se ven en el dibujo. ¿Son todos exagerados? ¿Cuáles son verdaderos? ¿más o menos verdaderos? ¿Hay alguna diferencia entre el estereotipo de la mujer política y del hombre político? ¿entre el político joven y el político viejo? Explique.
2. Describa lo que pasa en cada sala de la Cámara de Representantes. ¿Qué aspectos de la vida política se representan?

3. ¿Qué hace el joven que está en el parque? ¿Por qué no lo escuchan muchas personas? ¿De qué hablará (*might be speaking*) el joven? ¿Qué puede hacer para atraer más la atención? ¿Qué características quiere el público que tengan los políticos?

4. Tradicionalmente, ¿cuándo hay desfiles militares en los Estados Unidos? ¿Qué sentimientos provoca el desfile que se ve en el dibujo? ¿A Ud. le gusta este tipo de desfile? ¿Por qué sí o por qué no? ¿Tienen los desfiles militares algún propósito político? Comente.

Intercambios

Vocabulario para conversar

la apatía apathy
las armas (nucleares) (nuclear) weapons
la bomba atómica atomic bomb
cabildear to lobby
  el cabildero lobbyist
la Cámara de Representantes House of Representatives
la Corte Suprema Supreme Court
la democracia democracy
  el demócrata Democrat
  democrático democratic
el desfile parade
la dictadura dictatorship
las elecciones elections
la encuesta opinion poll
la enmienda amendment
estar a favor de to be in favor of
estar en contra de to be against
«frenos y equilibrios» checks and balances
el general general
gobernar (ie) to govern
  el gobernador governor
la guerra war
  la guerra civil civil war
  la guerra mundial world war

el Parlamento Parliament
el partidario constituent, supporter
el partido political party
la paz peace
la política politics; course of action, policy
  el político politician
postularse, presentarse to run (for office)
el presupuesto budget
promulgar una ley to pass a law
la rama branch
  la rama ejecutiva executive branch
  la rama jurídica judicial branch
  la rama legislativa legislative branch
el representante representative
el republicano Republican
la revolución revolution
el Senado Senate
  el senador senator
sobornar to bribe
votar to vote
  el votante voter

Estrategias para la comunicación

No pude porque... *Offering explanations*

In the course of a conversation you are often asked to explain the reasons for an action or a decision. Explanations of this kind are generally stated as cause-effect relationships. For example, you might tell someone that you didn't vote for a particular candidate *due to* his or her stand on a certain issue. *Due to* introduces the cause or reason for a decision.

    No voté por ella **a causa de** su posición con respecto al medio ambiente.

You might have told the person that the candidate has a particular point of view and *therefore* you didn't vote for him or her. *Therefore* introduces the consequences of a certain action or circumstance.

La candidata tiene opiniones raras respecto al medio ambiente y **por eso** no votó por ella.

A causa de and **por eso** are connectors that are useful for offering explanations in Spanish. Here are some additional ones:

por esta razón	*for this reason*	por motivo de	*because of, due to*
como resultado de	*as a result of*	porque	*because*
por lo tanto	} *consequently*	ya que	*since; now that*
por consiguiente		puesto que	*since*

Como resultado de su política pudieron resolver la crisis.

Calbidearon durante dos semanas y por lo tanto se aprobó la enmienda.

As a result of his policies, they were able to resolve the crisis.
They lobbied for two weeks and consequently the amendment was passed.

nunca... con que   *would never occur to him to come out with a remark like . . .*

Practice the use of connectors in these activities.

A. Haga una oración con las frases usando una expresión de la lista de la derecha. ¡OJO! Hay que usar el pretérito y el imperfecto.

1. sobornar a los representantes, ser ellos arrestados
2. hacer una encuesta nacional, necesitar el partido información sobre la opinión pública
3. no haber otro candidato bueno, postularse (yo) para el puesto
4. rendirse los iraquis, no poder ellos resistir la destrucción de las bombas
5. perder nuestro candidato la elección, no celebrar nosotros

por esta razón
por consiguiente
porque
a causa de que
por eso
por lo tanto
puesto que

B. ¡**Necesito compañero!** Con un compañero de clase, hagan y contesten preguntas sobre decisiones que haya tomado cada uno, explicando en su respuesta la razón o el motivo de sus decisiones.

- (no) comprar un carro
- (no) trabajar durante el año escolar
- (no) vivir en una residencia
- (no) apoyar a _____ en las últimas elecciones
- (no) presentarse para un puesto en el gobierno estudiantil
- (no) trabajar como voluntario/a para alguna organización

VOTANTES Y CANDIDATOS

A. Cinco candidatos se postulan para la presidencia en las próximas elecciones. Después de leer sus biografías, ¿por quién votaría Ud. (*would you vote*)? Justifique su respuesta.

1. **El senador Miami:** Es de la Florida. Es un republicano conservador. Lleva doce años en el Senado donde ha votado por varios aumentos en el presupuesto militar, por mayores inversiones federales en la energía nuclear y por regulaciones más estrictas en la admisión de inmigrantes en los Estados Unidos.

2. **La señora Angeles:** Es una ex gobernadora de California. Es una demócrata moderada. En California bajó la tasa (*rate*) de los impuestos estatales y disminuyó el presupuesto estatal para la asistencia pública. También apoyó una ley que requirió el registro de toda arma de fuego y otra que reconoció el derecho de toda mujer al aborto.

3. **El senador Helado:** Es de North Dakota. Fue alcalde (*mayor*) de una ciudad pequeña y luego sirvió en la Cámara de Representantes durante varios años. Ha prometido limitar el número de artículos importados que se permite entrar en los Estados Unidos. También apoya una enmienda constitucional que permite el rezo en las escuelas públicas. En la Cámara siempre vota a favor de las leyes que protegen la ecología.

4. **La señorita Globo:** Es una diplomática profesional. Aunque su experiencia y conocimiento en asuntos económicos y laborales es limitado, ha tenido una distinguida carrera como embajadora en el Oriente y el Medio Oriente. Habla varias lenguas y ha declarado su interés por los asuntos internacionales. Ella cree que los Estados Unidos tiene que revalorizar su papel en el mundo y forjar nuevas alianzas con los países del Tercer Mundo.

5. **El señor Este:** Es de Nueva York. Es liberal. Fue gobernador del estado y luego senador. Quiere establecer un sueldo mínimo para los trabajadores, garantizar el empleo para todos y abolir las plantas nucleares. Estuvo en contra del control de armas de fuego.

B. ¿Por cuál de los candidatos mencionados votarían (*would vote*) los siguientes individuos? Justifique la decisión de ellos según la perspectiva suya.

1. un agricultor próspero de Arkansas   2. un ama de casa—madre de ocho hijos—de Rhode Island   3. un obrero que trabaja en una fábrica Ford en Detroit   4. una abogada que trabaja en un barrio pobre de una gran ciudad 5. un viejo jubilado de Arizona, que trabajó como comerciante   6. una militar, veterana de la Guerra del Golfo Pérsico y especialista en técnicas antiterroristas

C. La clase debe dividirse en cuatro grupos para comentar la siguiente lista de cuestiones políticas. Dos de los grupos deben poner las cuestiones en orden de mayor a menor importancia según el criterio del partido Demócrata y los otros dos grupos deben hacer lo mismo para el partido Republicano. Al final, deben comparar sus resultados para ver hasta qué punto hay consenso.

la crisis de energía
el desempleo
la inflación
el *status* de los Estados Unidos
  en el mundo
el presupuesto militar
la exploración del espacio
el control de armas de fuego
la reducción de los impuestos
el seguro social
la protección del medio
  ambiente
el deterioro de las ciudades

el crimen y la violencia
la repartición del poder entre el
  gobierno federal y los
  gobiernos estatales
la ayuda económica a otros
  países
la asistencia pública
un plan nacional de salud
el terrorismo
los derechos de los grupos
  minoritarios (las mujeres, los
  negros, los hispanos, etcétera)

D. 🌅 **Sondeo** Según la opinión del «ciudadano medio» norteamericano, ¿cuáles de los siguientes atributos son de mayor importancia en el candidato político ideal? Siguiendo los pasos que se han establecido en los capítulos anteriores, haga un sondeo para averiguar la opinión de los miembros de la clase al respecto.

Anote el sexo de cada persona entrevistada y utilice esta escala para las respuestas.

5 = mucha importancia	3 = importancia mediana	1 = poca importancia

Para crear la tabla de resumen al final, reúnase con los otros de su grupo y calculen un promedio para cada pregunta.

Grupo 1

	ENTREVISTADOS		
¿Qué importancia tiene este aspecto en el candidato político ideal?	**A**	**B**	**C**
	V M	V M	V M
1. sexo	___ ___	___ ___	___ ___
2. juventud	___ ___	___ ___	___ ___
3. inteligencia	___ ___	___ ___	___ ___
4. experiencia	___ ___	___ ___	___ ___
5. atractivo físico	___ ___	___ ___	___ ___

Grupo 2

¿Qué importancia tiene este aspecto en el candidato político ideal?

	A		B		C	
	V	M	V	M	V	M
6. educación	___		___		___	
7. profesión	___		___		___	
8. religión	___		___		___	
9. origen étnico	___		___		___	
10. clase social	___		___		___	

Grupo 3

¿Qué importancia tiene este aspecto en el candidato político ideal?

	A		B		C	
	V	M	V	M	V	M
11. honradez	___		___		___	
12. capacidad de inspirar confianza	___		___		___	
13. capacidad de tomar decisiones	___		___		___	
14. originalidad	___		___		___	
15. fidelidad matrimonial	___		___		___	

¿Cuáles son los tres atributos de mayor importancia en un candidato político según los resultados del sondeo? ¿Cuáles son los tres atributos de menos importancia? ¿Hubo alguna diferencia entre las respuestas de los hombres y las de las mujeres de la clase? ¿Creen Uds. que el presidente actual tiene los tres atributos más importantes? ¿Y el presidente anterior? ¿Y los candidatos actuales para las próximas elecciones presidenciales? ¿Hay algunas características importantes que se han omitido en el sondeo? Expliquen.

LA GUERRA Y LA HISTORIA

A.   Aquí hay una lista de algunas de las guerras e intervenciones militares en que ha participado los Estados Unidos. Explique las razones de la intervención norteamericana en cada caso y luego comente cómo cambió la historia de los Estados Unidos como consecuencia de la guerra. En su respuesta, trate de usar algunas de las expresiones de la página 121.

la Revolución Americana	la Segunda Guerra Mundial
la Guerra Civil Norteamericana	la Guerra de Corea
la Guerra de 1898 (*Spanish-*	la Guerra de Vietnam
American War)	la invasión de Panamá
la Primera Guerra Mundial	la Guerra del Golfo Pérsico

B. ¡**Necesito compañero!**   A continuación hay una lista de motivos que pueden conducir a una guerra. Trabajando con un/a compañero/a de clase, miren la lista de guerras en la actividad anterior e identifiquen el motivo que dio origen a cada conflicto.

la expansión/la protección de las fronteras	el fervor religioso
la aspiración al poder	
la adquisición/la protección de recursos naturales o productos concretos	la ideología política
las rivalidades étnicas	
la lucha por la justicia	

¿Pueden Uds. pensar en otras guerras o intervenciones que no estén en la lista de la actividad A? ¿Qué dio origen a cada una? Prepárense para justificar su respuesta y compartan los resultados con el resto de la clase.

DEFINICIONES POLITICAS

A.   Explique Ud. la diferencia entre cada par de palabras mencionadas a continuación. Luego dé ejemplos concretos de cada uno.

1. una dictadura y una monarquía
2. una democracia y una república
3. el fascismo y el comunismo
4. una democracia y una oligarquía

B.   Explique brevemente a una persona de otro país como funciona cada uno de los siguientes.

1. la rama ejecutiva del gobierno federal de los EEUU
2. la rama jurídica
3. la rama legislativa
4. el sistema de «frenos y equilibrios»

COMUNICACION CREATIVA

Explíquele a Luis lo que significan los siguientes dichos políticos y siglas (*acronyms*) norteamericanas.

1. *Speak softly but carry a big stick.* (Theodore Roosevelt)
2. *A chicken in every pot.* (Republican campaign promise, 1932)
3. *Ask not what your country can do for you, but what you can do for your country.* (John F. Kennedy)
4. *The buck stops here.* (Harry S Truman)

5. GOP	7. NAACP	9. CIA	11. IRS
6. NOW	8. MADD	10. FBI	12. KKK

LA CONDUCTA POLITICA

A.  **Improvisaciones** Un conservador, un moderado y un liberal tienen actitudes muy distintas respecto a los siguientes temas. Trabajando con un compañero de clase, preparen el discurso político de un conservador, de un moderado, o un liberal sobre uno de los temas. Al final, algunos de los estudiantes deben presentar su discurso a la clase, la cual tratará de identificar la afiliación política del candidato.

los programas sociales
el presupuesto militar
la participación de las minorías
   en el gobierno
el presupuesto federal
el control de las armas de fuego
la intervención militar

el aborto
la sanidad pública y el servicio
   médico
los derechos de la mujer
la crisis de energía
la ecología
el déficit federal

En *La familia presidencial,* pintado por el colombiano Francisco Botero, el pintor agrupa en una sola «familia» a todos los que tradicionalmente comparten el poder en Latinoamérica. ¿Quiénes son los miembros de esta familia? ¿Comparten todos el poder igualmente o parece que algunos son más poderosos que otros? ¿Qué opinión parece tener el artista de esta familia?

B. Cada diez años, el Congreso tiene que rehacer—utilizando los datos del censo—los contornos de los distritos congresionales. Durante toda su carrera política, el senador Gris ha sido un liberal pero ahora se encuentra con que su distrito ha cambiado y sus partidarios son mucho más conservadores que él. Quiere representarlos bien pero también quiere votar según su propia conciencia. Sin embargo, si se opone totalmente a las opiniones de sus partidarios, no lo van a apoyar en las próximas elecciones. Con tres compañeros determine hasta qué punto el señor Gris puede desviarse de (*depart from*) las opiniones de sus partidarios sin destruir su carrera política.

LA OPINION DEL SR. GRIS	LA OPINION DE SUS PARTIDARIOS	LA POLITICA MAS PRACTICA PARA EL SR. GRIS
1. Permitir el rezo en las escuelas es anticonstitucional.	El rezo en las escuelas garantiza la moralidad pública.	?
2. Gastamos demasiado dinero en armas.	Debemos mantener la superioridad militar.	?
3. Debemos gastar más dinero en la creación de nuevos parques nacionales y estatales.	El gobierno debe limitar su intervención en asuntos poco importantes; además, ya hay bastantes parques.	?
4. Los Estados Unidos tiene la responsabilidad de ayudar a los países en vías de desarrollo a fomentar su propia industria, su educación y su desarrollo en general.	Los Estados Unidos debe gastar su dinero para resolver los problemas domésticos.	?

C. En un momento de crisis internacional, el gabinete del presidente—o sea, los estudiantes de la clase—se ha reunido. El presidente no sabe si debe intervenir militarmente o no. ¿En cuál de los siguientes casos cree el gabinete que se puede justificar una intervención militar? ¿Por qué?

1. Un avión estadounidense ha sido derribado (*shot down*) por los chinos, que dicen que volaba sobre territorio chino.
2. Ha habido una revolución en un país árabe y cincuenta diplomáticos estadounidenses han sido fusilados como espías capitalistas.

3. Tropas enemigas han aterrizado (*landed*) en la costa de Alaska.
4. En el Canadá todas las compañías estadounidenses y sus sucursales (*branch offices*) han sido expropiados por el gobierno canadiense, que se niega a pagar las debidas indemnizaciones.
5. Tropas maoistas amenazan con derribar (*to topple*) varios gobiernos democráticos latinoamericanos.
6. Fuerzas militares en Hungría dan un golpe de estado (*coup d'etat*) para reimponer un régimen comunista.

TEMAS PARA DISCUTIR

1. Los candidatos políticos se aprovechan de todos los medios de comunicación, especialmente de la televisión. ¿Cómo beneficia a un candidato la televisión? ¿Cree Ud. que la televisión también beneficia al público durante las campañas electorales? Explique. En su opinión, ¿insiste la prensa demasiado en aspectos de la vida personal de los candidatos? ¿en su aspecto físico? ¿Cree Ud. que es importante que un político, sobre todo un presidente, tenga una apariencia física atractiva? ¿Por qué sí o por qué no?
2. En los Estados Unidos, ¿hay ciertos grupos o individuos que controlan la política? Si dice que sí, ¿cuáles entre ellos son los más poderosos? ¿Son los mismos de hace cien años? ¿Qué es un grupo de intereses especiales? ¿Qué grupos de este tipo son los más importantes en los Estados Unidos? ¿Cómo influyen en la legislación? ¿Cree Ud. que desempeñan un papel necesario dentro del sistema político o que lo debilitan? Comente.
3. ¿Qué es un crimen de guerra? ¿Cuál es la diferencia entre un crimen de guerra y un acto de obediencia a un superior durante un período de guerra? ¿Hay alguna circunstancia en que un soldado deba cuestionar los mandatos de su superior? Comente.
4. Mire el dibujo de la página 129. ¿En qué reside el pesimismo del artista? Explique. En su opinión, ¿por qué han fracasado con frecuencia las negociaciones para abolir «los alfileres»? ¿Se siente Ud. pesimista u optimista hacia futuras negociaciones? ¿Por qué?
5. **Improvisación**   Acaba de tener un caso poco común y muy difícil una obstétrica. Su paciente, una señora embarazada, le comunicó que no quería ni drogas ni cirugía durante el parto (*delivery*) por motivos religiosos. Pero el parto resultó mas complicado. La única manera de salvarle la vida al bebé era mediante una operación de cesárea, la cual hizo la obstétrica. La madre y el niño salieron bien de la operación. A pesar de esto la madre entabló un juicio contra la obstétrica.

   Uds. participan en una mesa redonda sobre este problema. En grupos de cuatro, improvisen una dramatización en la que interpreten las dos partes. Los papeles que se pueden representar son

la obstétrica	el padre
la madre	varios religiosos
un representante del grupo *pro life*	los abogados

pins

6. **Sondeo** ¿Somos un país pacifista o más bien bélico? ¿Qué actitud tiene la clase con respecto al ejército y la guerra? Siguiendo los pasos establecidos en los capítulos anteriores, haga un sondeo para averiguarlo. Llene el formulario con los datos que recoge, utilizando esta escala para las respuestas.

5 = sí	3 = depende	1 = no

Si la respuesta es «depende», ¡no se olvide de investigar el porqué de esa respuesta!

Para crear la tabla de resumen al final, reúnase con los otros de su grupo y calculen un promedio para cada pregunta.

Grupo 1

	ENTREVISTADOS		
¿Estás de acuerdo con esta idea? ¿Por qué sí o por qué no?	**A**	**B**	**C**
1. Las mujeres no deben luchar en el frente de batalla en caso de guerra.	___	___	___
2. Como jefe de estado, una mujer estaría menos dispuesta a entrar en guerra que un hombre.	___	___	___
3. El ejército es una buena carrera.	___	___	___
4. La amenaza de guerra sirve como un impedimento a la violencia militar.	___	___	___

Grupo 2

¿Estás de acuerdo con esta idea? ¿Por qué sí o por qué no?	**A**	**B**	**C**
5. La vida para la familia del militar profesional es muy dura.	___	___	___
6. El servicio militar debe ser obligatorio para todo ciudadano.	___	___	___
7. Las fuerzas militares fomentan el espíritu machista.	___	___	___
8. El gobierno de los Estados Unidos debe usar la fuerza militar para proteger sus intereses.	___	___	___

Grupo 3

¿Estás de acuerdo con esta idea? ¿Por qué sí o por qué no?	**A**	**B**	**C**
9. Se debe permitir que los homosexuales sirvan en las fuerzas militares.	___	___	___
10. Nadie debe ser excepcionado del servicio militar, incluso los pacifistas.	___	___	___
11. La guerra no es nunca una solución correcta.	___	___	___
12. Es poco probable que haya una tercera guerra mundial.	___	___	___
13. Se debe de prohibir el uso de cierta clase de armas aun en la guerra.	___	___	___

En general, ¿revelan las respuestas una actitud pacifista o bélica? ¿Cuáles de las respuestas están en contra de lo que se practica actualmente en este país? ¿Creen Uds. que ha habido un cambio de actitud hacia la guerra en los últimos años? Expliquen.

Peregrinaje (*Pilgrimage*) a la Basílica de la Virgen de Guadalupe, México

PRO Y CONTRA

Fórmense tres grupos de cuatro o seis estudiantes para debatir los siguientes temas. Siguiendo los pasos establecidos en los debates de los capítulos anteriores—identificar, presentar, evaluar—la mitad de cada grupo debe preparar los argumentos a favor, mientras la otra mitad prepara los argumentos en contra. Los otros estudiantes de la clase deben preparar preguntas para hacerlas durante los debates y luego deben ayudar a decidir los casos.

AFIRMATIVO	NEGATIVO
1. El satanismo es un peligro para la juventud americana porque...	Los mayores exageran el peligro del satanismo...
2. Debe haber censura de canciones y discos de contenido explícitamente violentos y eróticos porque...	No debe haber censura de canciones y discos de contenido explícitamente violento y erótico porque...
3. La organización de Naciones Unidas ha sido un fracaso porque...	La organización de Naciones Unidas no es un fracaso porque...

COMPOSICION

1. Un amigo suyo ha decidido no votar en las próximas elecciones nacionales. Escríbale una carta tratando de convencerlo para que vote.

2. Ud. es periodista y acaba de descubrir un secreto que va a destruir la carrera del candidato que se postula para senador en su estado. Escriba un artículo revelando el secreto, pero haciéndolo de una forma que sea y convincente y que no parezca un ataque sin fundamento.

CAPITULO NUEVE

Representación de un grupo teatral puertorriqueño, Nueva York

Los hispanos en los Estados Unidos

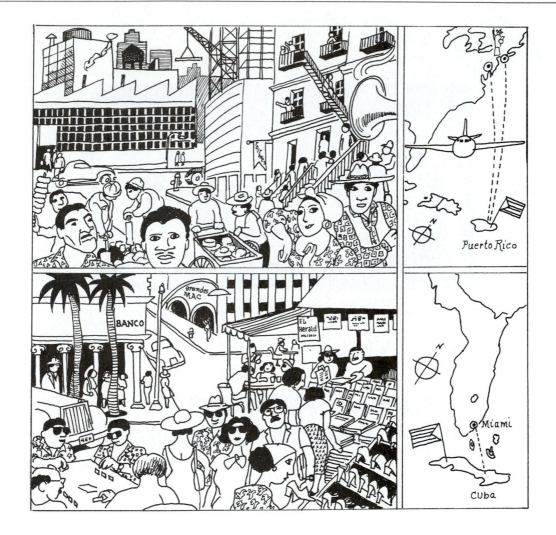

DESCRIBIR Y COMENTAR

1. ¿En qué zonas de los Estados Unidos es evidente la presencia hispana?
   ¿Qué grupos predominan en las distintas zonas? ¿Cómo y cuándo llegaron
   los miembros de cada grupo a la región en que viven actualmente?
2. ¿Qué diferencias nota Ud. entre los grupos de hispanohablantes que se ven
   en estos dibujos?

3. ¿Qué tipo de relaciones tiene cada grupo con la comunidad en que vive? ¿Qué contribuciones artísticas, económicas y culturales ofrecen los miembros de cada grupo a la zona?
4. ¿Qué otros grupos étnicos han llegado a los Estados Unidos? ¿Cuándo y por qué vinieron? ¿Dónde hay grandes concentraciones de estos grupos o de sus descendientes hoy en día en los Estados Unidos?

Intercambios

Vocabulario para conversar

LOS GRUPOS ETNICOS

el anglo Anglo
el borinqueño Puerto Rican
el cubano Cuban
el chicano chicano
hispano Hispanic
el mexicanoamericano Mexican
   American
la mayoría majority
la minoría minority
el puertorriqueño Puerto Rican

LA LENGUA

el bilingüismo bilingualism
   bilingüe bilingual
hispanohablante Spanish-speaking
hispanoparlante Spanish-speaking

LOS OBREROS AGRICULTORES

el bracero farm worker, farm laborer
   (*Mex.*)
la mano de obra work force
el obrero (migratorio) (migrant)
   worker

LA ADAPTACION

adaptarse to adapt
asimilarse to assimilate
establecerse to establish oneself
mantener (ie) to support, maintain

LA MIGRACION

la cuota quota
emigrar to emigrate
   el emigrante emigrant
inmigrar to immigrate
   el inmigrante immigrant

MINORIAS Y MAYORIAS

A. ¡**Necesito compañero!**   Imagine que Ud. tiene que dejar su patria por razones políticas y económicas. Decide emigrar a otro país, aunque no habla la lengua y no conoce a nadie allí. Con un compañero de clase,...

- Preparen una lista de las áreas de su vida que serán (*will be*) afectadas por la emigración.
- Especifiquen dos maneras en que la emigración afectará (*will affect*) cada una de estas áreas.
- Pónganlas en orden de importancia según las dificultades que Uds. creen que estas dos áreas van a presentarle a Ud. y a su familia en el proceso de adaptación.

B.   Ahora que Ud. está en su nuevo país, descubre que es miembro de un grupo minoritario... no sólo por su desconocimiento de la lengua del país, sino también por su nivel de vida, su manera de vestir, su aspecto físico y otras manifestaciones externas de su herencia cultural. ¿Qué va a tener Ud. que hacer para integrarse a la «clase media» mayoritaria del país? ¿Qué aspectos de su vida van a ser los más difíciles de cambiar?

C. Con frecuencia se sugiere la asimilación del grupo minoritario como manera de eliminar la discriminación por razón de raza o herencia étnica. ¿Qué implicaciones tiene este concepto de asimilación para un negro? ¿para una mujer? ¿para un chino? ¿para un hispano?

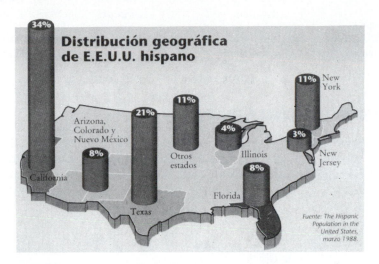

COMUNICACION CREATIVA

A. Aquí hay unas palabras en español que tienen su origen en inglés. ¿Puede Ud. decirle a Luis la palabra en inglés que les ha servido de base? Todas son palabras utilizadas por algunos de los hispanos que viven en los Estados Unidos.

1. el loiseida	4. la marqueta	7. la rufa
2. la grocería	5. la saugüesera	8. la carpeta
3. vacunear	6. la factoría	

B. De la misma manera, muchas palabras en inglés tienen su origen en el español. ¿Puede Ud. explicarle a Luis la palabra en español que dio origen a estas palabras en inglés?

1. lariat
3. vamoose
5. hoosegow
7. buckaroo
2. savvy
4. alligator
6. barbecue
8. cockroach

C. Explíquele a Luis el significado de las siguientes palabras que reflejan la contribución de varios grupos étnicos o raciales al crisol estadounidense.

1. pizza   2. the polka   3. fortune cookie   4. soul food   5. wiener   6. wok

CUOTAS E INMIGRANTES

A. **¡Necesito compañero!**   Es cierto que todo país tiene que limitar la entrada de inmigrantes, pero no hay ningún acuerdo respecto al criterio para hacerlo. Trabajando con un compañero de clase, decidan qué criterios son más importantes a la hora de admitir o rechazar a los posibles inmigrantes.

1. la afiliación política   2. la preparación profesional   3. la edad   4. la salud 5. la raza   6. los antecedentes criminales   7. el país de origen   8. el nivel de educación   9. el tener parientes que ya viven en los Estados Unidos   10. la evidencia de ser víctima de persecución política o personal en su país de origen   11. las costumbres personales (preferencias sexuales, el uso de drogas, etcétera)   12. la religión   13. el tener una habilidad especial   14. el estatus social

Comparen las decisiones de todos los estudiantes. ¿Hay criterios sobre los que se está más de acuerdo? ¿menos de acuerdo? ¿Se puede formular una política que sea aceptable para todos?

B. Fórmense grupos de tres a cinco estudiantes. Cada grupo va a estudiar los antecedentes étnicos de otro grupo de individuos que todos conocen: por ejemplo, la gente que vive en cierto piso de una residencia, los habitantes de una casa de apartamentos, la gente que vive en una calle, los profesores de un departamento de la universidad, etcétera. Deben enterarse de cuándo llegaron los antepasados de cada individuo a los Estados Unidos, por qué salieron de su país de origen y cómo llegaron a la ciudad donde viven ahora. También deben averiguar la opinión de esas personas en cuanto a las cuotas que limitan la inmigración a los Estados Unidos. Luego comparen los resultados de todos los estudios. ¿Qué semejanzas y diferencias hay entre los grupos estudiados? ¿Hay algún acuerdo con respecto a las cuotas de inmigración?

Calle Ocho, Miami, Florida

EL BILINGUISMO

A. Imagine que el Congreso de los Estados Unidos ha declarado que este país va a ser una nación bilingüe. Las lenguas oficiales van a ser el español y el inglés. Para llevar a la práctica esta decisión, el presidente ha nombrado un comité cuyo propósito es determinar los cambios que tienen que efectuarse. Con tres estudiantes hagan una lista de los cambios que los siguientes ministerios deben realizar para conseguir el ideal de bilingüismo en los Estados Unidos.

1. el Ministerio de Transportes
2. el Ministerio de Educación
3. el Ministerio de Estado
4. el Ministerio de Defensa
5. el Ministerio de Comercio
6. el Ministerio de Salud y Servicios Humanos

B. La Cámara de Comercio (*Chamber of Commerce*) de su ciudad quiere atraer a la zona más turistas de habla española. Con este fin quiere preparar un manual para turistas que pueda distribuirse en los hoteles y agencias de viajes de varios países extranjeros. Trabajando con tres estudiantes, hagan una lista de los aspectos de su ciudad o región que podrían (*could*) ser atractivos para los turistas de habla española: sitios de interés turístico o histórico, artículos interesantes que puedan comprarse, servicios especiales ofrecidos por los hoteles, bancos, etcétera. Hagan también una lista de las desventajas de la zona: falta de guías bilingües, ausencia de dependientes de habla española, etcétera. Por fin, decidan si su ciudad es en realidad un lugar atractivo para los turistas de habla española.

LOS HISPANOS EN LOS ESTADOS UNIDOS Y LOS MEDIOS DE COMUNICACION

A. El tamaño de la población hispana ha despertado mucho interés entre los medios de comunicación. Como se ve en las fotos y la tabla de las páginas 141–142, en muchos lugares de los Estados Unidos hay una gran variedad de revistas, periódicos y programas de radio y televisión en español. ¿Qué impacto—lingüístico, cultural, político, económico—cree Ud. que puede tener esto en las comunidades hispanas? ¿Qué actividades facilita? ¿Hay algunas que impide? ¿Qué impacto tiene en el mundo de los negocios?

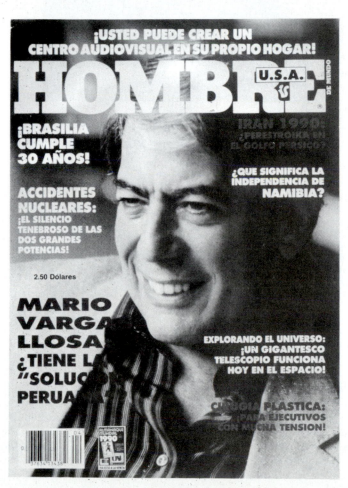

Programación en español en los diez mercados más grandes: 1990			
Mercado	*Población hispana* (miles) (% del mercado)	*Programación* (horas/semana)	*Cociente de efectividad***
El Paso*	508 68%	3265	6.33
San Diego*	463 19%	2219	4.79
Albuquerque	556 39%	1571	2.83
McAllen-Brownsville*	617 87%	1696	2.75
San Antonio*	890 52%	2018	2.27
Phoenix	422 16%	948	2.25
Houston	743 19%	1518	2.04
Miami	925 28%	1618	1.75
Chicago	885 10%	1120	1.27
San Fran/San José	883 15%	874	.99
Los Angeles	4,388 31%	2762	.63
Nueva York	2,655 14%	1287	.48
**horas de programación divididas por la población hispana			

La programación se refiere a los programas en lengua hispana que se transmiten por radio y televisión. Como se puede ver en la tabla, las cuatro comunidades fronterizas (indicadas con asterisco) son las que mejor cociente de efectividad tienen. Esto se debe a que reciben transmisiones tanto de estaciones norteamericanas como mexicanas. El Paso es la ciudad más rica en programación en español: Tiene siete estaciones norteamericanas de radio que transmiten en español, dieciocho estaciones mexicanas de radio y dos canales de televisión (una norteamericana y la otra mexicana) que transmiten en español.

B. ☀ **Sondeo** Hoy en día en los Estados Unidos, se habla de los grupos hispanos en las noticias y los periódicos. ¿Qué quiere decir **hispano**? ¿A quiénes se refiere? Siguiendo los pasos que se han establecido en los capítulos anteriores, haga un sondeo para saber lo que piensa la clase al respecto. Utilice la siguiente escala para las respuestas.

5 = no estoy de acuerdo	3 = no sé, no estoy seguro/a	1 = estoy de acuerdo

Grupo 1

	ENTREVISTADOS		
Aspectos lingüísticos: Para ser hispano...	A	B	C
1. hay que hablar español.	____	____	____
2. uno tiene que hablar español en casa con la familia.	____	____	____
3. hay que hablar el español mejor que el inglés.	____	____	____

Grupo 2

	A	B	C
Aspectos sociopolíticos: Para ser hispano...			
4. hay que seguir las prácticas culturales hispanas.	____	____	____
5. uno tiene que haber llegado a los Estados Unidos recientemente.	____	____	____
6. uno tiene que ser originariamente de Puerto Rico, de Cuba o de México.	____	____	____

Grupo 3

	A	B	C
Aspectos demográficos: Para ser hispano...			
7. uno no puede ser negro.	____	____	____
8. hay que ser ciudadano de otro país.	____	____	____
9. tienen que ser hispanos ambos padres.	____	____	____

¿Qué revelan los resultados en cuanto al concepto de lo hispano? ¿Hay acuerdo general con respecto a un aspecto específico? De los tres factores indicados (lingüístico, sociopolítico, demográfico), ¿cuál es el más importante para entender lo que quiere decir **hispano**? Muchas veces, la población norteamericana percibe como pareja en oposición los términos **hispano** y **anglo**. ¿Qué entiende por **anglo**? ¿Alguien le ha preguntado alguna vez si es anglo?

C.  **Guiones**   *Stand and Deliver* es la historia documentada de los éxitos y frustraciones de un grupo de estudiantes minoritarios en una escuela secundaria en Los Angeles que se preparaban para el examen de *Advanced Placement* en el cálculo. Con dos otros compañeros, narren brevemente la historia representada en los dibujos.

1.

2.

3.

4.

5.

6.

TEMAS PARA DISCUTIR

A. Imagine que Ud. es profesor(a) de español. ¿Cómo va a enseñar la lengua a estudiantes que no la han estudiado antes? ¿a estudiantes que ya la han estudiado dos años? ¿a los estudiantes que sólo la estudian por cumplir un requisito? ¿Es posible enseñar del mismo modo si los estudiantes son niños? ¿Y si son mayores de cuarenta años? Explique.

B. ¿Qué quiere decir la palabra **discriminación**? Dé ejemplos de discriminación en el terreno social, político, económico y educativo. ¿Cree Ud. que haya mucha discriminación en contra de los hispanos en los Estados Unidos hoy en día? Si dice que sí, ¿es una discriminación de tipo racial o de tipo étnico? Algunos creen que todo grupo recién llegado a un país sufre discriminación a manos de los que nacieron allí. ¿Está Ud. de acuerdo? ¿Por qué sí o por qué no?

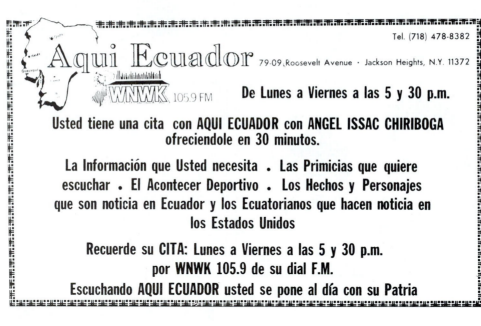

C. ¿Qué es un *illegal alien* (inmigrante sin documentos, «mojado» [*wetback*])? ¿Por qué hay tantos inmigrantes ilegales? ¿Qué ventajas y qué problemas proporcionan al país? ¿Qué problemas experimenta el inmigrante ilegal? ¿Qué política debe adoptar el gobierno frente al problema de los inmigrantes ilegales? ¿Debe deportarlos? ¿permitir que se naturalicen todos? ¿dejarlos tales como están?

D. Imagine que Ud. y varios amigos han sido seleccionados para organizar la celebración del Tricentenario de los Estados Unidos (o el Bicentenario de la Estatua de la Libertad). ¿Qué tipos de actividades van a incluir? ¿Qué tipos de actividades quieren evitar? Explique.

SITUACIONES Y PAPELES

A. Imagine que Ud. tiene que emigrar a otro país. Conteste las siguientes preguntas como si fuera emigrante.

1. ¿Adónde va a emigrar? 2. ¿Qué va a llevar consigo? 3. ¿Qué quisiera llevar consigo pero no puede? 4. ¿Qué va a dejar atrás que Ud. no quiere llevar? 5. ¿Qué datos tiene que aprender antes de llegar al otro país?

B. **¡Necesito compañero!** Ud. y un compañero de clase son miembros de un grupo universitario que está de acuerdo con las metas (*goals*) de la asociación de estudiantes hispanos. Preparen una lista de cinco recomendaciones que reflejen las preocupaciones de tal grupo y preséntensela al rector (*president*) de la universidad en forma de petición. Prepárense para defender sus demandas.

MODELO: Pedimos que se patrocinen (*be sponsored*) programas de interés cultural para los hispanos porque así vamos a poder reconocer el valor de la cultura hispana y mostrar nuestro respeto hacia ella.

Aquí hay algunos temas que pueden ser de interés especial para los estudiantes hispanos.

1. un programa de estudios chicanos (puertorriqueños, cubanos)
2. un aumento en el número de profesores hispanos en toda la universidad, y no sólo en el departamento de español
3. un número mínimo de estudiantes hispanos admitidos en toda la universidad
4. el conocimiento de una lengua extranjera como requisito para graduarse para todos los estudiantes
5. la declaración del Día de la Raza (el doce de octubre) como día festivo universitario
6. más ayuda económica para los estudiantes hispanos
7. el establecimiento de una «Casa Latina», una residencia sólo para estudiantes hispanos
8. un equilibrio racial en todas las residencias
9. cursos especiales de español para hispanohablantes que no tienen una preparación lingüística académica
10. el patrocinio de programas de interés particular para los hispanos

IMPROVISACIONES

En grupos de tres o más personas, dramaticen los temas siguientes delante de la clase.

1. El hijo (La hija) decide casarse con una persona de otra religión. Les comunica esta decisión por primera vez a los padres.
2. El hijo (La hija) decide adoptar a un niño de otra raza. Va a la agencia de servicios sociales que controla la adopción de niños.

3. El hijo (La hija), que está casado (casada) con una persona de otro grupo étnico, les pide consejos a los padres, ya que la pareja tiene problemas por las diferencias culturales.

PRO Y CONTRA

Fórmense tres grupos de cuatro o seis estudiantes para debatir los siguientes temas. Siguiendo los pasos establecidos en los debates de los capítulos anteriores—identificar, presentar, evaluar—la mitad de cada grupo debe preparar los argumentos afirmativos, mientras la otra mitad prepara los argumentos negativos. El resto de la clase debe preparar preguntas para hacerlas durante los debates y luego debe ayudar a decidir los casos.

——— AFIRMATIVO ———	——— NEGATIVO ———
1. Todas las universidades deben de tener el requisito de estudiar una lengua extranjera porque...	No debe de haber un requisito de estudiar una lengua extranjera en las universidades porque...
2. Las compensaciones por la discriminación pasada deben de seguir ofreciéndose porque...	Se debe de acabar con las compensaciones por la discriminación pasada porque...
3. Se debe de fomentar la educación bilingüe porque el bilingüismo fomenta el biculturalismo. Es bueno que todos sean biculturales porque...	Se debe de acabar con la educación bilingüe porque impide la asimilación del individuo a la cultura mayoritaria. Es necesario que haya tal cultura porque...

INFORMES ORALES

1. Prepare un breve informe sobre uno de los siguientes individuos o grupos. Incluya por lo menos los datos más importantes sobre su vida y describa su contribución a la cultura de los Estados Unidos.

   a. Juan Ponce de León
   b. el Padre Junípero Serra
   c. Rosario Ferré
   d. César Chávez
   e. Alvar Núñez Cabeza de Vaca
   f. Roberto Clemente
   g. Anthony Quinn
   h. Gloria Estefan
   i. Antonia Coello Novello
   j. Rita Moreno

2. Entreviste a varios hispanos de primera o segunda generación, enterándose de sus antecedentes, de cómo llegaron a los Estados Unidos sus antepasados y de los problemas que han padecido (*suffered*). Luego prepare un informe breve sobre esas personas.

¿Qué hace el Tío Sam del dibujo? ¿Qué representa la estrella? ¿Qué representa el sombrero? ¿Quién es el obrero? ¿Qué quiere que el Tío Sam haga? ¿Cree Ud. que haya acuerdo entre los puertorriqueños sobre esta cuestión? ¿Cree que Puerto Rico deba convertirse en un estado de los Estados Unidos? ¿Por qué sí o por qué no?

COMPOSICION

1. Escriba un ensayo comparando el primer grupo de inmigrantes cubanos que llegaron a los Estados Unidos inmediatamente después de la Revolución Cubana con los que llegaron en barco durante los ochenta. Debe considerar las razones que tuvieron para venir, su acogida (*reception*) por los Estados Unidos, su adaptación, etcétera.
2. Comente la siguiente afirmación, dando ejemplos: (No) Es posible que un grupo se asimile a otro sin perder su propia cultura.

CAPITULO DIEZ

Hábitos y dependencias

DESCRIBIR Y COMENTAR

1. ¿Qué hace el señor calvo (*bald*)? ¿Qué tipo de persona será?
2. ¿Qué hace el hombre que está al lado de la mujer morena? ¿Cómo serán ellos? ¿Por qué cree Ud. eso? ¿Por qué cree que fuma ella?
3. ¿Qué hacen los dos jóvenes? ¿Y el hombre con las gafas de la derecha?

4. ¿Qué hace el niño? ¿Qué bebe? ¿Por qué estará el niño en la fiesta?
5. ¿Por qué tienen cara de disgustados algunos de los invitados?
6. ¿Quién es el señor que lleva la bandeja (*tray*)? ¿Qué hay en la bandeja?
7. ¿Quién será la persona que da la fiesta? ¿Qué relación tendrá con los invitados?

Intercambios

Vocabulario para conversar

el bar bar
el barbitúrico barbiturate
la boquilla cigarette holder
el calmante "downer," depressant
la caña/paja (*drinking*) straw
la ceniza ash
　el cenicero ashtray
la cerilla/el fósforo match
la cerveza beer
el coctel cocktail
el coñac brandy
la copa wine glass; drink
dar fuego to give a light
drogarse to take drugs; to get high
la embriaguez/la borrachera
　drunkenness
el estimulante "upper," stimulant
la gaseosa/el refresco soda, soft drink

la ginebra gin
la jerga slang
la marihuana marijuana
masticar to chew
el mechero lighter
la pipa pipe
el pitillo (*slang*) cigarette
el rapé snuff
la receta prescription; recipe
el ron rum
la sobredosis overdose
las tapas hors d'oeuvres
tener una resaca to have a hangover
el tranquilizante tranquilizer
el vino blanco white wine
　el vino tinto red wine
el whiski (escocés) whisky

MANUAL PARA ESTUDIANTES EXTRANJEROS

Imaginen Uds. que están preparando un manual para estudiantes extranjeros que acaban de llegar a los Estados Unidos. Preparan ahora el capítulo sobre el consumo del alcohol, de las drogas y del tabaco en este estado y en el *campus* de Uds. Completen la siguiente lista de términos generales, incluyendo toda la información que los estudiantes extranjeros deben saber sobre este tema.

1. dónde se venden el tabaco y el alcohol
2. las restricciones legales sobre el fumar, el beber y el consumo de drogas
3. las restricciones sociales sobre el fumar, el beber y el consumo de drogas
4. ¿otro?

ENVICIADOS Y VICIOS

A. Todos formamos opiniones o estereotipos de otras personas según sus hábitos. ¿Cómo serán los siguientes individuos física y psicológicamente?

1. el que fuma cigarros
2. la persona—hombre o mujer—que usa rapé
3. una fumadora de pipa
4. una persona que fuma con una boquilla
5. una persona que mastica tabaco

¿Qué le dice el hijo a su padre? ¿Qué quiere hacer el padre? ¿Cómo justifica su hábito? ¿Cree Ud. que la avanzada edad del padre es una justificación para su adicción al tabaco? ¿para otras dependencias? Cuando Ud. tenga 80 años, ¿va a permitirse el lujo de tener algunos vicios?

B. También estereotipamos a los demás según las bebidas que toman o no toman. Mire el anuncio a continuación. ¿A quiénes caracteriza? ¿Qué cualidades se les atribuyen? Esta caracterización, ¿se corresponde con la imagen mental que Ud. tiene de este tipo de consumidor? ¿Le parece un anuncio efectivo? ¿Por qué sí o por qué no?

¿Sería fácil o difícil inventar una campaña publicitaria positiva alrededor de cada uno de los siguientes? Explique.

1. una persona que toma *Dr. Pepper*   2. una persona que toma *Ripple*   3. una persona que prefiere *Côtes du Rhone*   4. una persona que toma cerveza «light»   5. una persona que toma *Budweiser*   6. una persona que siempre pide *Perrier*   7. una persona que no toma nunca ninguna bebida alcohólica

Con dos o tres compañeros de clase, seleccionen uno de los grupos e inventen un anuncio que se dirija especialmente a los miembros de este grupo.

C.   Comente los lugares que se ven en estos dibujos. ¿Qué clase de persona será el cliente típico de cada sitio? Explique su respuesta.

1.

2.

3.

4.

Cuando Ud. desea estar con sus amigos, ¿tiene un lugar al que le guste ir? ¿Cuál es? ¿Cómo es? ¿Por qué lo prefiere?

TEMAS PARA DISCUTIR—EL ALCOHOL Y EL TABACO

A. ¿Qué es el alcoholismo? ¿En qué se diferencian un alcohólico y un borracho? ¿Es más frecuente el alcoholismo en ciertos grupos? ¿Son semejantes o diferentes el hombre alcohólico y la mujer alcohólica? ¿Son semejantes o diferentes los motivos de su alcoholismo?

B. Se dice que el alcoholismo es muy común entre los adolescentes. ¿Por qué será? ¿Qué métodos hay para curar el alcoholismo? ¿En qué consisten las organizaciones *AA* y *Al-Anon*? ¿Se han cambiado recientemente las actitudes hacia el alcoholismo? ¿Qué es la organización *MADD*? ¿Qué efecto ha tenido en el consumo de alcohol o en las actitudes hacia su consumo?

C. En varios estados se ha hablado de establecer un *check lane* en algunas de las carreteras más usadas. Según esto, la policía pararía cierto número de automovilistas, escogidos al azar (*at random*), para averiguar si conducen bajo la influencia del alcohol. ¿Qué piensa Ud. de este programa? ¿Cree Ud. que sería una manera efectiva de evitar que la gente conduzca en estado de embriaguez? ¿Por qué sí o por qué no?

Jinete (*Horseman*) andaluz tomando un trago (*drink*), España

D. ¿Cuál es la actitud hacia el tabaco en los Estados Unidos? ¿Cuál es la postura del gobierno? ¿Cree Ud. que se declarará ilegal algún día el tabaco? ¿Por qué sí o por qué no?

E.   Ultimamente, tanto en Europa como en los Estados Unidos, se ha iniciado una campaña contra el fumar, especialmente el fumar en lugares públicos. ¿Dónde se ve evidencia de este esfuerzo en los Estados Unidos? En su opinión, ¿ha tenido un impacto positivo o negativo esta campaña? En general, se han visto dos tipos de anuncios en esta campaña. Uno trata de convencer al fumador de que deje el hábito, describiendo el fumar como perjudicial para su salud; el otro quiere que el fumador piense en los demás, ya que el hábito también perjudica a quienes inhalan el humo de los fumadores. ¿Cuál de estas dos técnicas se ve en este anuncio? En su opinión, ¿es más efectiva una de esta técnicas que la otra? Explique.

COMUNICACION CREATIVA

A.   Explíquele a Luis lo que significan estas frases.

1. hard liquor
2. on the rocks
3. to bust
4. teetotaler
5. cold turkey
6. hangover
7. on the wagon
8. straight up
9. junky
10. tipsy
11. bombed
12. feeling no pain

B. Luis sabe que los términos que tienen que ver con (*have to do with*) las drogas y el alcohol cambian rápidamente y que son diferentes en todas las partes del país, inclusive en los distintos barrios de una misma ciudad. Quiere aprender la jerga que se usa donde Uds. viven y el significado de cada término. Hágale una lista de los términos más usados explicando en español cada palabra o frase.

IMPROVISACIONES

Aquí hay tres casos jurídicos. La clase debe dividirse en grupos de siete estudiantes para examinarlos. Tres estudiantes en cada grupo formarán el jurado (*jury*), y los otros harán los papeles de acusado y de testigos. En cada grupo el acusado y los testigos deben presentar su testimonio al jurado de la manera más convincente que puedan. Los jurados tienen el derecho de hacer preguntas para aclarar el testimonio. Por fin, los miembros del jurado deben discutir el caso entre sí y explicar su decisión a la clase, estableciendo la inocencia o la culpabilidad del acusado y dando una sentencia si es necesario.

A. Un hombre es acusado de causar un choque mientras estaba en estado de embriaguez.

1. El acusado: un hombre de 40 años. Se declara inocente.
2. El querellante (*plaintiff*): una mujer de 35 años. Insiste en que vio cuando el carro del acusado chocó con su coche, que estaba estacionado.
3. Un testigo (*witness*): una joven de 18 años. Dice que el carro del acusado no chocó con el carro del querellante.
4. Un policía: Llegó después del pretendido (*alleged*) accidente y le hizo la prueba de alcohol (*breath test*).

B. Por casualidad se descubre en una residencia a dos estudiantes universitarios que fuman marihuana en su cuarto.

1. El primer estudiante acusa a la policía de haber hecho un registro ilegal.
2. El segundo estudiante se defiende con el argumento de la legalización de la marihuana.
3. El padre de uno de los estudiantes comenta la moralidad de su hijo.
4. El policía universitario que los descubrió describe lo que encontró y cómo lo encontró.

C. Un joven de 14 años es acusado de ser traficante de drogas en un *junior high*.

1. El joven presenta varias defensas.
2. Un estudiante habla del carácter del acusado.
3. Una maestra de 60 años se presenta como testigo. Ella presenció la venta de drogas.
4. El director de la escuela comenta el problema de las drogas en la escuela.

"NO SE... NO CREO QUE MIS ALUMNOS ESTEN PENSANDO EN ESO DE LAS DROGAS... ME PARECE QUE NO."

LA DROGADICCION ES UN PROBLEMA MUY SERIO QUE SOLO PUEDE COMENZAR A SOLUCIONARSE SI RECONOCEMOS LO PRINCIPAL. QUE EXISTE.

Pregunte a quienes están especialmente preparados para responder: CE.NA.RE.SO., Centro Nacional de Reeducación Social. Combate de los Pozos 2133 -(1245) Buenos Aires. Tel.: 26-0092 al 99

TEMAS PARA DISCUTIR—LAS DROGAS

A. ¿Qué es una **droga**? ¿Cuáles son las diferentes clases de drogas? ¿Cuáles son las más peligrosas? ¿las menos peligrosas? ¿las más usadas? ¿Hay una diferencia entre las drogas que se consiguen con receta (*prescription*) y las que se compran sin receta? Explique.

B. Unas drogas se usan en ciertos grupos y en otros, no. Haga una lista de las drogas cuyos nombres Ud. conoce y describa el grupo con que se asocia cada una dentro de la sociedad norteamericana.

C. ¿Por qué cree Ud. que la gente experimenta con drogas? Si Ud. fuera padre (madre) de un adolescente, ¿qué consejos le daría sobre el uso de las drogas? Si supiera que un hijo suyo fumaba marihuana, ¿qué haría Ud.? ¿Haría lo mismo con una hija o sería distinta su conducta con ella? ¿Y si su hijo o hija tomara cocaína?

D. ¿Qué es la toxicomanía? ¿Hay diferentes clases de toxicomanía? ¿Qué significa la frase **adicción psicológica**? ¿Qué métodos hay para curar la toxicomanía? En su opinón, ¿cuáles son los mejores? Explique. En general, ¿cree Ud. que el consumo de drogas está aumentando en los Estados Unidos? ¿Las consumen ahora las mismas personas que las consumían antes? ¿Es la droga de mayor consumo ahora la misma que hace 15 ó 20 años?

E. ¿Dónde se producen o se cultivan las diversas drogas que Ud. conoce? ¿Qué hace el gobierno de los Estados Unidos para impedir la producción o la importación de las drogas? ¿Qué más puede o debe hacer?

F. Mire el anuncio de la página 160. ¿Qué hay en el anuncio? ¿Por qué tiene una venda (*blindfold*)? ¿Qué significa? ¿Hay muchas personas como este hombre en los Estados Unidos? ¿Qué consecuencias tiene su actitud? ¿Qué se puede hacer para cambiarla?

G. ☼ **¡Necesito compañero!** Trabajando con un compañero de clase, lean con atención los gráficos de las páginas 162–163 y luego compartan lo que aprendieron con los otros compañeros de clase.

1. El gráfico A se refiere al problema del tráfico de drogas en España durante el período de 1985–1989. ¿Cuál es la droga en que se trafica más? En general, ¿qué tendencia se observa en este período con respecto al tráfico de drogas? ¿En qué año se nota una excepción a esta tendencia general? ¿Se puede concluir que en este año la cantidad de tráfico ilegal ha disminuido? Expliquen.

2. Los gráficos B y C demuestran cómo el gobierno español (tanto a nivel de la administración central como de las varias comunidades autónomas) trata de hacer frente al problema de las drogas en ese país. Según el gráfico B, ¿cómo se compara el problema de las drogas con otras prioridades del gobierno? Según el gráfico C, ¿en qué orden de prioridad deben ir los siguientes esfuerzos?

_____ programas para reducir la oferta y la demanda para las drogas

_____ estudios sobre el consumo de las drogas y las actitudes del público al respecto

_____ asistencia médica para desintoxicación

_____ programas para ayudar al adicto a encontrar trabajo después de su
tratamiento

¿Los pondrían Uds. en el mismo orden si se tratara de los Estados Unidos?
¿En qué orden creen Uds. que los pone el gobierno de los Estados Unidos?

Gráfico A

Decomisos incautados*

Decomisos	1985	1986	1987	1988	1989
Opiáceos	1.958	3.516	5.692	7.063	7.416
Cocaínicos	641	1.256	2.019	2.655	2.823
Cannábicos	4.641	7.491	10.477	11.058	10.497

Cantidades aprehendidas

Cantidades (kg)	1985	1986	1987	1988	1989	1989/1988
Heroína	253	407	413	470	713	+52 %
Cocaína	303	668	1.134	3.471	1.852	−47 %
Hachís	47.933	47.886	59.210	90.940	64.225	−29 %

*decomisos incautados = confiscations, seizures

Gráfico B

Gasto realizado por la Administración Central (1989)

Ministerio de Asuntos Exteriores	25.000.000
Ministerio de Defensa	193.400.000
Ministerio de Educación y Ciencia	175.000.000
Ministerio del Interior	284.500.000
Ministerio de Asuntos Sociales	1.106.922.603
Delegación del Gobierno para el Plan Nacional sobre Drogas	3.107.747.000
TOTAL	**4.892.569.603**

Gráfico C

**Gasto total de las Comunidades Autónomas por áreas de actividad
(cifras y porcentajes)**

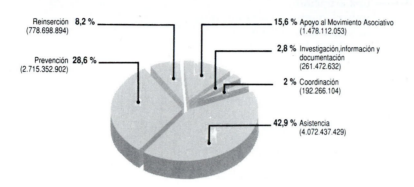

Reinserción **8,2 %**
(778.698.894)

Prevención **28,6 %**
(2.715.352.902)

15,6 % Apoyo al Movimiento Asociativo
(1.478.112.053)

2,8 % Investigación,información y
documentación
(261.472.632)

2 % Coordinación
(192.266.104)

42,9 % Asistencia
(4.072.437.429)

Estrategias para la comunicación

Me siento mal   *Handling health problems*

Eating new foods, changes in your routine, the occasional accident . . . any of these situations may cause you to need medical attention when traveling in another country. Here are some useful expressions for explaining your symptoms.

Me siento... mal/fatal
                débil
                mejor/peor
                con fiebre/náuseas
                algo indispuesto (*unwell*)

Me pica (*irritates*) la garganta.
Me pica (*itches*) la piel.
Siento unos pinchazos (*sharp pains*)
     en el estómago.

Tengo
     infectado/a
     inflamado/a
     hinchado/a (*swollen*)
     roto/a

el diente
las encías (*gums*)
el dedo
la herida (*wound*)
el pie, el brazo

Tengo... fiebre
        escalofríos (*chills*)
        diarrea
        náuseas
        alergia a...

Tengo... una ampolla (*blister*)
un rasguño (*scratch*)
una cortadura (*cut*)
una lesión (*injury*)
una infección
una erupción (*rash*)
todo el cuerpo dolorido (*aching*)
un dolor de... estómago
garganta
cabeza
oído

Estoy... congestionado (constipado) (*congested, stuffed-up*)
estreñido (*constipated*)
sangrando (*bleeding*)

Creo que voy a devolver (vomitar, arrojar).

Creo que hay que poner... una tirita (*band-aid*)
puntos (*stitches*)
una inyección
un vendaje (*bandage*)

Practice the preceding expressions in these activities.

A. Describa los síntomas que acompañan las siguientes enfermedades o heridas. ¡OJO! Recuerde las estrategias para expresar las palabras o expresiones que no sabe decir con exactitud.

1. la gastritis (*acute indigestion*) 2. la varicela (*chicken pox*) 3. un resfriado/catarro (*cold*) 4. una picadura de abeja (*bee sting*) 5. la apendicitis 6. la gripe (*flu*) 7. una resaca

B. ¡**Necesito compañero!** Con un compañero, preparen una pequeña dramatización de una de las siguientes situaciones.

- You're in a hotel in a small town. You wake up in the middle of the night with severe stomach cramps. You call the front desk and try to convince the desk clerk to call the doctor. The desk clerk (worried that the hotel food will be blamed) doesn't really want to call the doctor.
- You're traveling with a young child who falls and cuts her head. You take her to the emergency clinic, but there is a long line. You try to convince the receptionist that your child needs immediate attention.
- A Hispanic friend is visiting you in the United States. One day he/she returns home hobbling badly because of a twisted ankle. Since your friend does not speak English, you have to act as interpreter. First, ask exactly how the injury happened. Then, after a visit to the doctor, explain to your friend the treatment the doctor has suggested.

Soak it twice a day in warm water.
Keep it tightly wrapped.
Don't put any weight on it for a week.
If the swelling doesn't go down in a few days, come back.

TEMAS PARA DISCUTIR—OTROS HABITOS Y DEPENDENCIAS

A. Además de las drogas y el tabaco, hay otras sustancias cuyo consumo puede resultar en cierta dependencia física. ¿Cuál es el peligro de las siguientes sustancias? ¿Consume Ud. alguna de ellas?

el café
el chocolate
el jarabe para la tos (*cough syrup*)
el azúcar

las pastillas dietéticas (*diet pills*)
la Coca-Cola
las calmantes para el dolor (*pain pills*)

¡Por fin, mi café!
*Después de un día agotador, no hay
quien me quite un poco de tranquilidad.
En mi casa, con mis cosas y rodeado
del aroma oscuro de un buen café Solo.*

SOLO

SOLO
*Café soluble para tomar solo...
y compartir con los amigos.*

B. **Sondeo**   ¿Teleadicción? ¿Cree Ud. que mirar televisión realmente puede llegar a convertirse en una adicción? ¿En qué circunstancias? En algunos casos, ¿puede la televisión llegar a controlar la vida de uno? Siguiendo los pasos que se han establecido en los capítulos anteriores, haga un sondeo para investigar qué hábitos tienen sus compañeros de clase al respecto. *Anote el sexo de cada persona entrevistada.*

Para crear la tabla de resumen al final, reúnase con los otros de su grupo. Calculen un promedio para las preguntas 4 y 8; no olviden de calcular la frecuencia de las respuestas afirmativas/negativas entre las mujeres en comparación con los hombres.

Grupo 1

	ENTREVISTADOS		
¿Te describen las siguientes afirmaciones?	**A** V M	**B** V M	**C** V M
1. Para relajarme, me gusta mirar televisión más que nada (*more than anything*).	sí no	sí no	sí no
2. Con frecuencia arreglo mi horario para poder ver cierto programa de televisión.	sí no	sí no	sí no
3. Me sé de memoria varios anuncios comerciales cantados en la televisión.	sí no	sí no	sí no
4. ¿Cuántas horas al día miras televisión?	_____	_____	_____

Grupo 2

¿Te describen las siguientes afirmaciones?	**A** V M	**B** V M	**C** V M
5. El televisor casi siempre está puesto en mi casa; no importa que nadie lo esté mirando.	sí no	sí no	sí no
6. Hay más de un televisor en mi casa.	sí no	sí no	sí no
7. Con frecuencia miro televisión aunque no me interese el programa.	sí no	sí no	sí no
8. ¿Cuántos programas miras de costumbre todas las semanas?	_____	_____	_____

Grupo 3

¿Te describen las siguientes afirmaciones?	**A** V M	**B** V M	**C** V M
9. Creo que el televisor debe estar en el cuarto de la casa donde la gente pasa más tiempo.	sí no	sí no	sí no
10. Me irrita que alguien o algo me interrumpa cuando miro mi programa favorito.	sí no	sí no	sí no
11. Algunos de los personajes de la televisión me parecen tan reales como si los conociera personalmente.	sí no	sí no	sí no
12. Me gustaría tener un televisor móvil.	sí no	sí no	sí no

¿Qué revelan los resultados? Los que diseñaron el cuestionario ofrecen esta clave para interpretar los resultados.

NUMERO DE RESPUESTAS AFIRMATIVAS	PODER DE LA TELE EN CONTROLAR LA VIDA
0–1	casi ninguno
2–3	débil
4–5	moderado
6–7	fuerte
8+	absoluto

¿Hay teleadictos en la clase? ¿Descubrieron diferencias entre la conducta de los hombres y las mujeres? ¿Creen Uds. que mirar mucho la televisión es más frecuente hoy en día que en el pasado? ¿Qué consecuencias negativas tiene esto?

C. 🌅 **¡Necesito compañero!** Ud. y su compañero/a trabajan para la revista española mensual *Familia* en la sección que ofrece consejos a los nuevos padres, contestándoles las cartas que mandan a la revista. Ha llegado la siguiente carta. Para prepararse para dar unos consejos muy buenos, lean Uds. el texto «Nuestros hijos, ¿teleadictos?» que aparece en la página 168. Según el texto, ¿qué recomendaciones pueden Uds. hacerle a la madre desesperada?

¿Pueden ser teleadictos sólo los niños?

Nuestros hijos, ¿teleadictos?

La tele, droga dura
Los niños españoles pasan alrededor de 3 horas diarias delante del televisor. Pero eso no es nada si se compara con las 5 horitas que los estadounidenses permanecen atentos a sus pantallas. Más moderados son los franceses y los belgas, con una media de 2 horas por día y comedidísimos resultan los alemanes, que «sólo» pasan unos 75 minutos amarrados al duro aparato. El público infantil, vienen a decir algunos especialistas, necesita de la televisión con la misma ansiedad con la que un heroinómano busca su «papelina» diaria o un alcohólico su botella.

Ofertas alternativas
Ningún padre tiene derecho a decirle a su hijo cosas como « Te vas a atontar con tanta *tele*», «Se te va a secar el cerebro», «Si sigues así se te pondrán los ojos cuadrados... », mientras no le ofrezca alternativas. Si a un niño se le propone llevarle al *zoo,* ponerse a dibujar con él, salir a patinar o jugar juntos con su juguete favorito, es difícil que se empeñe en permanecer *conectado* al aparato.

Teleinstitutriz
Cuando los niños devoran toda la programación infantil, cuando no oyen el teléfono ni el timbre, ni las voces de sus madres mientras están mirando fijamente la *tele,* ¿significa que son teleadictos? No, simplemente se aburren.

A estos niños no les queda otro remedio que refugiarse en la más seductora de la familia: la televisión. Por lo tanto, es imposible disuadirles de que la vean, pidiéndoles, sin más, que se vayan a jugar.

Tampoco se les puede convencer de lo negativa que es la pequeña pantalla si el aparato permanece encendido todo el día, si cuando se acercan a contarnos algo durante la emisión del partido o de las noticias les respondemos «Calla, que no oigo» o «Quita, que no veo».

El mundo en sus manos
Nadie puede negarle a la televisión sus méritos. Estar conectados con cualquier parte del mundo es algo que deberíamos agradecer profundamente a la cultura audiovisual. El hecho de que cualquiera, desde su casa, pueda ver cómo se llega por primera vez a la Luna, lo que ocurre en Sudáfrica o la devastación forestal de la Amazonia, jamás puede ser negativo.

Esto no quiere decir que la televisión sustituya a los padres, sino que es un valioso complemento educativo. Bastará con apelar al sentido común, controlando horarios y programas, para lograr una utilización racional, positiva y beneficiosa de los medios audiovisuales.

Tengo un hijo de 8 años que es un auténtico *forofo* de la TV. Se sabe de memoria toda la programación infantil, e incluso la de adultos. Al principio nos hacía gracia, pero ahora sólo conseguimos alejarlo del televisor a base de regañinas y castigos. Su padre y yo estamos muy preocupados y no queremos utilizar los castigos para solucionar el problema.

una madre desesperada

PRO Y CONTRA

Fórmense tres grupos de cuatro o seis estudiantes para debatir los siguientes temas. Siguiendo los pasos establecidos en los debates de los capítulos anteriores—identificar, presentar, evaluar—la mitad de cada grupo debe preparar los argumentos afirmativos, mientras la otra mitad prepara los argumentos negativos. Los otros estudiantes de la clase deben preparar preguntas para hacerlas durante los debates y luego deben ayudar a decidir los casos.

—————————— AFIRMATIVO ——————————

1. Debe haber (*There should be*) una edad mínima para beber y debe ser _____ años porque...
2. Los administradores de las escuelas públicas tienen el derecho de registrar los armarios (*lockers*) de los estudiantes—sin avisar ni pedir permiso—para buscar sustancias prohibidas porque...

—————————— NEGATIVO ——————————

No debe haber una edad mínima para beber porque...

Los administradores de las escuelas públicas no tienen el derecho de registrar los armarios de los estudiantes—sin avisar ni pedir permiso—para buscar sustancias prohibidas porque...

Jóvenes en un disco, Madrid, España

COMPOSICION

1. Comente las ventajas y desventajas de la legalización de la marihuana o la cocaína.
2. Algunos dicen que el gobierno no debe intervenir en el control de las drogas, del tabaco y del alcohol porque los individuos tienen el derecho a consumir lo que les dé la gana. Comente.

CAPITULO ONCE

Manifestación pidiendo el castigo de los militares responsables en el caso de «los desaparecidos», Buenos Aires, Argentina, a mediado de los años ochenta

La ley y la libertad individual

DESCRIBIR Y COMENTAR

1. ¿En qué parte de los Estados Unidos tiene lugar la acción del dibujo?
   ¿Cómo lo sabe Ud.? ¿Qué edificios se ven?

2. ¿Qué están haciendo los dos vaqueros? ¿Qué les va a pasar? ¿Qué pasa en el banco? ¿Y en el tribunal?
3. ¿Qué pasa en el bar? ¿en la tienda? ¿en el hotel?
4. ¿Quién llega al pueblo? ¿Qué le pasará?

Intercambios

Vocabulario para conversar

el abogado defensor defense attorney
el acusado defendant
asaltar to hold up
  el asalto holdup, robbery
asesinar to kill, murder
  el asesinato murder
  el asesino murderer
atracar to hold up; to mug
  el atraco holdup; mugging
castigar to punish
  el castigo punishment
la corrupción corruption
el chantaje blackmail
el delincuente delinquent
el detective detective
el espionaje electrónico "bugging,"
  wiretapping
la estafa fraud
  el estafador swindler
la falsificación forgery

el fiscal prosecuting attorney
hacer trampas to cheat
los juegos de azar gambling
el juez judge
la locura insanity
la pista clue, trace
la pistola pistol
la ratería de tiendas shoplifting
  el ratero de tiendas shoplifter
la rehabilitación rehabilitation
el rifle rifle
robar to rob
  el robo robbery
sobornar to bribe
  el sobornador briber
  el soborno bribe
el testigo witness
violar to rape
  la violación rape

CRIMENES, CRIMINALES Y VICTIMAS

A.   Hay personas o grupos que se asocian más con ciertos crímenes. Determine qué delito—o delitos—podrían haber cometido las siguientes personas. Luego explique su suposición.

—————— PERSONAS ——————

1. **estudiante universitario de 20 años:** notas regulares; uno de dos hijos de padres profesionales
2. **mujer de 65 años:** viuda; ama de casa; sin hijos; el marido tiene un empleo de poca importancia en una compañía pequeña
3. **padre de 45 años:** gerente de un banco; cuatro hijos
4. **joven de 17 años:** sin empleo; de padres pobres; ha terminado dos años de escuela secundaria
5. **madre de 28 años:** dos hijos; divorciada; ha estado dos años en la universidad

—————— DELITOS ——————

el asesinato
el chantaje
la estafa
la falsificación
la ratería de tiendas
el robo
el terrorismo
la violación

En su opinión, si estas personas son declaradas culpables del delito que Ud. les ha asignado, ¿cuáles tienen mayor posibilidad de recibir una sentencia leve (*light*)? Comente.

B.  **Improvisaciones: El caso del hotel Bellevue.** Como se ve en el dibujo, ha habido un cambio drástico en la situación del Hotel Bellevue, situado en una playa muy visitada del Caribe. El dueño del hotel decide demandar (*sue*) al dueño del Nuevo Hotel Bellevue, que está situado directamente en frente. Los dos comparecen en la corte ante un juez, quien intenta resolver el caso. En grupos de tres, improvisen una dramatización, procurando contestar las siguientes preguntas.

- ¿Qué crimen se ha cometido?
- ¿Qué derechos tienen el demandante y el acusado, respectivamente?
- ¿Qué veredicto se ha dictado?

LOS JOVENES Y LA LEY

A.   Hoy en día se dice que van en aumento los problemas de disciplina en las escuelas. ¿Cree Ud. que de veras ha habido un cambio en la conducta de los estudiantes? ¿En qué consiste este cambio? ¿Cuáles son esos problemas de disciplina? ¿Cómo cambian los problemas a medida que los alumnos pasan de la escuela primaria a la secundaria? ¿Qué ejemplos de mala conducta presenció Ud. cuando asistía a la escuela primaria o secundaria? ¿Cometió Ud. algún acto de indisciplina alguna vez? ¿Qué fue lo que hizo? ¿Se consideraba a sí mismo como un delincuente juvenil? Explique. ¿Cuáles son algunos de los estereotipos del delincuente juvenil?

B.   Ultimamente se ha propuesto que ciertos criminales adolescentes sean juzgados y castigados como si fueran adultos. ¿Por qué se habrá sugerido esto? Haga una lista de los argumentos que se han hecho a favor y en contra de esta propuesta. Luego, todos deben decidir si debe ser aprobada la propuesta.

C. ¡Necesito compañero!   También se ha propuesto recientemente que los padres paguen los daños causados por sus hijos menores de edad. Con un compañero, hagan dos listas: una de argumentos a favor y otra de argumentos en contra de la propuesta. Luego decidan si están a favor o en contra. ¿Cuál fue el argumento que influyó más en su decisión?

TRABAJADORES ILEGALES

Lea el texto de la página 177 sobre Nagrib Allal Mohamed, buscando la siguiente información:

a. su origen
b. su destino
c. su meta (*goal*)
d. sus relaciones con el moro Juan
e. las relaciones del moro Juan con las autoridades y los dueños de la fábrica

Nárrele la historia a la clase. ¿Se encuentran casos semejantes en este país? ¿Dónde? ¿Conoce Ud. a algún inmigrante ilegal? Cuente su historia y los problemas que ha enfrentado en su propio país y en los Estados Unidos.

LA PREVENCION DEL CRIMEN

A. ¡Necesito compañero!   En algunas ciudades con un elevado índice de criminalidad, se han organizado grupos de ciudadanos para proteger a sus vecinos, como, por ejemplo, los *Guardian Angels* de Nueva York. Muchas personas se oponen a la formación de estos grupos, mientras que otras la defienden. Con un compañero, hagan una lista de las ventajas y desventajas de la formación de grupos para prevenir el crimen. Luego planeen la formación de un grupo de esta clase. ¿Qué medios usarán? ¿Quiénes formarán parte del grupo? ¿Qué límites se impondrán para evitar problemas?

Una mafia explota a los marroquíes ilegales

Mientras unos policías permiten su entrada ilegal otros les piden los papeles y los ponen en la frontera. Entre ambas fases, los marroquíes trabajan en condiciones infrahumanas y caen en manos de la mafia

CARLES SALAT

NAGRIB Allal Mohamed, de 32 años, de origen marroquí, cruzó el estrecho de Gibraltar atraído por la falta de mano de obra de la industria textil catalana. Entró hace un año ilegalmente en España gracias a que «los policías de la aduana hispana aceptan cantidades de dinero a cambio de hacer la vista gorda». Miguel Sánchez, dirigente del sindicato Comisiones Obreras, estima que las tarifas que se pagan alcanzan las 60.000 pesetas por persona.

Una vez en Cataluña, y concretamente en la localidad de Manlleu, en la comarca de Osona, Nagrib Allal Mohamed acudió a una de las más importantes fábricas de la industria algodonera de España, la que regenta el empresario José Puigneró Sargatal. Pero no pasó de la puerta de vigilancia. Los mismos guardas jurados le recomendaron que «si quería trabajo buscara por el pueblo al *moro Juan* y hablara con él». Era la única manera de encontrar trabajo.

El *moro Juan,* o Joan Taurí, como se hace llamar, llegó años antes, igual que Nagrib, a España, pero en lugar de emplearse a bajo sueldo en la industria organizó la mafia laboral de los emigrantes marroquíes.

Para empezar se puso de acuerdo con José Puigneró, un empresario paternalista que despidió a todo el comité de empresa de su fábrica y a 200 trabajadores. Necesitaba urgentemente mano de obra, y a poder ser barata. A raíz de esta decisión nadie en la comarca aceptaba trabajar para él. Preferían seguir cobrando del paro y esperar mejores tiempos. La única solución era la llegada de marroquíes ansiosos de pesetas e iluminados por el resplandor de Occidente.

Según la mayoría de marroquíes de la zona, el *moro Juan* tiene perfectamente organizado el negocio y actúa sin escrúpulos. «Es un tipo peligroso que un día se va a encontrar con una sorpresa», afirma un emigrante que prefiere el anonimato.

El *moro Juan* cobra 15.000 pesetas por emigrante a cambio de colocarle en alguna industria de Puigneró o en otra fábrica de los alrededores. Además, se queda con un porcentaje del sueldo que perciben, entre 3.000 y 5.000 mil pesetas al mes. A cambio, el marroquí que pretende trabajar no es denunciado por su condición de ilegal. El *moro Juan* ya ha conseguido su nacionalización como español y, lo saben quienes se mueven en su entorno, tiene las espaldas bien cubiertas.

En dos años ha pasado de no tener ni un duro a ser propietario de una casa en el centro del pueblo y a establecer un negocio propio.

Los inmigrantes se sienten impotentes. Piensan que es imposible sustraerse a la acción vampírica de los mafiosos que aprovechan su situación ilegal.

El Centro de Acogida de Africanos de Mataró supone una ayuda para los inmigrantes.

B. Se habla mucho de por qué ciertos individuos cometen crímenes. También se podría preguntar por qué otros *no* los cometen. Haga una lista de los factores que nos motivan a obedecer la ley. Luego ponga los factores en orden de importancia para Ud.

C. Hay muchas maneras de prevenir el crimen y así resolver el problema del alto índice de violencia existente en la cultura norteamericana. ¿Cuáles de las siguientes medidas le parecen efectivas para prevenir el crimen? ¿Puede Ud. agregar otras?

> el control de las armas de fuego
> la pena de muerte
> la eliminación del desempleo
> el fallo del tribunal (*sentencing*) rápido
> castigar a los padres por los delitos cometidos por sus hijos menores
>   de edad

¿Se usan ya algunas de estas medidas en los Estados Unidos? ¿Por qué no se usan las demás?

COMUNICACION CREATIVA

A. Explíquele a Luis el significado de las siguientes palabras y expresiones.

1. habeas corpus
2. to frisk
3. the slammer
4. to plead the Fifth
5. cop
6. G-men
7. hit man
8. narc
9. white-collar crime

B. Luis quiere saber cómo se expresan estas palabras españolas en inglés. ¿Puede Ud. ayudarlo?

1. las esposas
2. el garrote
3. el delito
4. el hampa

TEMAS PARA DISCUTIR

A. Recientemente se han aprobado leyes que garantizan la indemnización de la víctima de un crimen. ¿Qué medidas puede tomar el gobierno para ayudar a las víctimas? ¿Cree Ud. que es la responsabilidad del gobierno indemnizar a los que sufren daños a causa de un crimen? ¿Por qué sí o por qué no?

B. Es evidente que la sociedad norteamericana es una sociedad violenta. ¿Qué aspectos de la cultura norteamericana demuestran una preocupación por la violencia? ¿Qué relación hay entre este tema y los siguientes grupos?

> white supremacists   SWAT   Neighborhood Watch
> survivalists   Grey Panthers   Mafia

C. Algunos creen que se podría disminuir la violencia si se controlara más la producción y la venta de armas. ¿Cree Ud. que este tipo de control es necesario? En su opinión, ¿hay un tipo de control más efectivo? ¿Qué grupos se oponen al control de armas? ¿Por qué se oponen?

D. En muchos países europeos la policía no lleva armas. ¿Cree Ud. que esto sería posible en los Estados Unidos? ¿Cómo es la relación entre los ciudadanos norteamericanos y la policía? ¿Cómo se podría mejorar esta relación? ¿Cree Ud. que la brutalidad policial es un problema serio en los Estados Unidos? Comente. Para mejorar las relaciones entre la policía y la población, se ha propuesto que todo ciudadano sirva como policía durante un breve período de tiempo. ¿Cómo mejoraría las relaciones este sistema? ¿Qué desventajas tiene?

E. Ha aumentado últimamente el terrorismo internacional. Describa Ud. algunos incidentes de este tipo. ¿Cuáles eran las demandas de los terroristas? ¿Piensa Ud. que el terrorista es diferente del criminal corriente? ¿Por qué sí o por qué no? ¿Qué medios se han usado para eliminar esta forma de terrorismo? ¿Qué otras medidas deberían ponerse en práctica?

F. Mire el dibujo a continuación. ¿Dónde están el padre y su hijo? ¿En qué contexto es normal que un padre le diga estas palabras a su hijo? ¿Por qué son irónicas las palabras en este caso? ¿En qué sentido expresa el dibujo cierto pesimismo acerca del hombre y de la sociedad? ¿Está Ud. de acuerdo con este punto de vista? ¿Por qué sí o por qué no?

G. ☼ **¡Necesito compañero!**   A veces actividades que nos parecen muy peligrosas, no lo son. Trabajando con un compañero de clase, lean con atención la lista a continuación. Escojan las diez actividades que a Uds. les parece que son las más arriesgadas y ordénenlas según el grado de riesgo que representa cada uno. Luego compartan sus resultados con sus otros compañeros de clase para las diez actividades más peligrosas. Su profesor(a) tiene las estadísticas resultantes de un estudio efectuado en los Estados Unidos sobre las causas fortuitas de muerte en este pais. ¿Han acertado Uds. en su percepción del riesgo que representa cada actividad?

alcohol	energía nuclear
anticonceptivos	escalar montañas
armas de fuego	ferrocarril
automóviles	fútbol en colegios
aviación comercial	motocicletas
bicicletas	natación
caza	pesticidas
cirugía	rayos x
conservantes alimentarios	tabaco
energía eléctrica	trabajo policial

ACTIVIDADES COLECTIVAS

Fórmense grupos de tres a cuatro estudiantes para hacer las siguientes actividades.

Crimen y castigo

1. Hagan una lista de diez a quince delitos y pónganlos en orden de gravedad. Luego determinen qué criterio usó el grupo para ordenarlos.
2. La mitad del grupo debe hacer el papel de un juez liberal; la otra mitad, el papel de un juez conservador. ¿Qué castigo aplican los jueces a cada delito de la lista que Uds. hicieron antes? Decidan cuál de los castigos les parece más justo para cada delito.

Casos de conciencia

Lean las siguientes historias y comenten entre sí las preguntas que se hacen al final de cada una.

1. Una mujer estaba muriéndose de un tipo de cáncer muy raro. Sólo había una droga que la podía curar: una forma de radio (*radium*) descubierta hace poco por un boticario (*druggist*). La fabricación de la droga era costosa y el boticario solía venderla a sus clientes por diez veces más de lo que a él le costaba producirla. Con mucho trabajo, Juan (el esposo de la mujer enferma) pudo obtener la mitad del dinero para comprar el medicamento. Le pidió al boticario que se lo vendiera a un precio reducido o que por lo menos le permitiera pagarlo a plazos. Pero el boticario le dijo que no, afir-

mando que él mismo había descubierto la medicina y que quería hacer negocio con ella. Algunas noches después, Juan, desesperado, forzó la puerta de la farmacia y robó el medicamento para su mujer.

■ ¿Debió haber robado Juan el medicamento? ¿Por qué sí o por qué no?

■ ¿Es el deber de un esposo robar o cometer cualquier delito para salvar a su esposa si no le queda otro remedio? ¿Por qué sí o por qué no?

■ ¿Qué aspectos del caso deben tener en cuenta las autoridades?

■ Ya que no había ninguna ley que limitara los precios, ¿tenía el boticario derecho a cobrar tanto? ¿Por qué sí o por qué no?

Podéis ver un par de asesinatos más y un atraco, pero después ¡a la cama!

2. Por un problema serio, dos hermanos necesitaban dinero para poder dejar su pueblo en seguida. Alexis (el mayor, de 25 años) entró en una tienda y se llevó $500. José (el menor, de 22 años) fue a hablar con un viejo del pueblo que tenía fama de ser generoso. Le dijo al viejo que estaba muy enfermo y que necesitaba $500 para pagar los gastos de una operación. Aunque el viejo no lo conocía, le prestó el dinero. José prometió devolvérselo, aunque sin ninguna intención de hacerlo.

■ ¿Quién cometió el peor crimen, Alexis o José? Expliquen.

■ Alexis violó la ley, robando una tienda. ¿Por qué no se debe violar la ley?

■ José mintió. ¿Por qué no se debe hacer esto?

■ ¿Quién sufrió más, el dueño de la tienda robada o el viejo que le prestó dinero a José? ¿Por qué?

■ ¿Con quién debe ser más dura la ley, con el que roba abiertamente como Alexis o con el que hace trampas como José? ¿Por qué?

Historia de un crimen

Miren el anuncio de la Renfe española (la compañía de trenes) a continuación. ¿Qué ventajas sugiere el anuncio para los que viajan en tren?

Ahora estudien el dibujo como si fuera el escenario de un crimen. Uno de los personajes es el criminal y el otro es la víctima. Unos grupos deben identificar a la mujer como la autora del crimen y otros, al hombre. Narren la historia, considerando los siguientes factores:

- a qué lugar van y de dónde vienen los dos personajes
- cómo ha sido la vida de los dos
- las relaciones anteriores de los dos (¿Se conocían antes de subir al tren? ¿Uno sabía del otro?)
- la clase de crimen que se comete
- el motivo del crimen
- lo que ocurre después (¿Se escapa el criminal o no?)

Al final, varios de los grupos deben presentar su historia a la clase.

S O L O P A R A T U S O J O S

Oye, mira...
Date el gusto.
Viaja en tren con los cinco sentidos.
Descubrirás detalles, paisajes, gestos, que sólo entenderán tus ojos.
No dejes que se te escapen. Son tus recuerdos de viaje.
Descubrirás también que el tren está cambiando. Que ha cambiado ya.
Mira, fíjate bien.
El tren es el mirador perfecto para echarle un vistazo al mundo.

MEJORA TU TREN DE VIDA.

IMPROVISACIONES

A. Fórmense grupos para presentar dramas basados en los siguientes casos legales. El resto de la clase resolverá el caso.

1. Se ha cometido un crimen. Uno de dos gemelos (*twins*) idénticos es el asesino, pero cada uno de ellos acepta la culpabilidad.
2. Un padre divorciado ha secuestrado (*kidnapped*) a su hijo porque dice que la madre no le permite verlo y que esto lo perjudica a los ojos del hijo.

B. Usando el programa de *People's Court* como modelo, preparen una serie de casos que dramatizar ante el Señor Juez Wapner. Para cada caso se necesitarán por lo menos tres personas: los dos individuos del caso y el Señor Juez.

MODELO: Un joven ha sido atacado por los perros de su vecino. Acusa al vecino de tener perros feroces. Demanda que se restituya el costo de un nuevo traje (los perros le destruyeron el que llevaba) y una recompensa por una visita al médico.

¿ES UD. BUEN DETECTIVE? (PARTE UNA)

Mire el siguiente dibujo con mucha atención.

Ahora conteste las preguntas que aparecen al final de este capítulo. ¡No vuelva a mirar el dibujo!

PRO Y CONTRA

Fórmense tres grupos de cuatro o seis estudiantes para debatir los siguientes temas. Siguiendo los pasos establecidos en los debates de los capítulos anteriores—identificar, presentar, evaluar—la mitad de cada grupo debe preparar los argumentos afirmativos, mientras la otra mitad prepara los argumentos negativos. El resto de la clase debe preparar preguntas para hacerlas durante los debates y luego debe ayudar a decidir los casos.

——————— AFIRMATIVO ———————

1. Se debe abolir la pena de muerte porque...
2. Todo ciudadano debe servir como policía durante un breve período porque...
3. La violencia es una consecuencia inevitable de la democracia porque...

——————— NEGATIVO ———————

No se debe abolir la pena de muerte porque...
Sólo debe servir como policía el que quiere hacerlo y que tiene calidades específicas, porque...
La violencia no es inevitable en una democracia porque...

Jóvenes jugando en El Bronx, Nueva York

INFORMES ORALES

1. Prepare un breve informe sobre la Mafia. ¿Qué es? ¿Cuáles son sus orígenes? ¿Dónde actúa hoy en día? ¿Qué es lo que hace? ¿A qué se debe su existencia?
2. Prepare un breve informe sobre la ratería de tiendas. ¿En qué consiste? ¿Qué consecuencias tiene para el ratero? ¿para la tienda? ¿para los clientes de la tienda? ¿para la sociedad en general? ¿Qué motivos tienen los que lo hacen?
3. Prepare un breve informe sobre el índice de criminalidad existente en un país que no sea los Estados Unidos. Luego compárelo con el de este país.

COMPOSICION

Complete las siguientes oraciones con un párrafo bien desarrollado.

1. Yo (no) estoy de acuerdo con el dicho «*Crime doesn't pay*» porque...
2. Yo (no) creo que «los crímenes sin víctima» existen porque...

¿Quién será el hombre del dibujo? ¿Qué tipo de violencia sugiere? ¿Sabe Ud. de casos de violencia que hayan sido motivados por causas semejantes? En tales casos, ¿consideraron los jueces la violencia justificada o la declararon criminal? ¿Está Ud. de acuerdo con estas decisiones? ¿Por qué sí o por qué no?

¿ES UD. BUEN DETECTIVE? (PARTE DOS)

1. ¿Qué pasa en la calle que hay enfrente del edificio municipal? ¿Cuántos carros se ven allí? ¿Puede Ud. dar el número de la matrícula de alguno de los automóviles?

2. ¿Cuántas personas hay en la tienda de ropa para señoras? ¿Qué hace una de las clientes? ¿Cómo es ella?

3. ¿Cuántas personas hay en el banco? ¿Qué hace el cajero? ¿Qué señal distintiva tiene el cajero?

4. En el tribunal, ¿quién es el acusado? ¿De qué se le acusa? ¿Qué clase de evidencia se está presentando? ¿Qué hora es?

¡OJO! Trate de contestar las preguntas sin volver a mirar el dibujo de la Parte Una.

CAPITULO DOCE

Electricista, Cuidad de México

El trabajo y el ocio

DESCRIBIR Y COMENTAR

1. ¿Qué estación del año se ve en cada dibujo? ¿Cómo se sabe eso? ¿Qué deportes se practican?

2. ¿Qué equipo se necesita para practicar estos deportes? ¿Qué ropa especial se ve en los dibujos?
3. ¿Cuál(es) de estos deportes prefiere Ud.? ¿Por qué? ¿Cuál de los deportes le gusta menos o le interesa menos? ¿Por qué?
4. ¿Qué estación del año prefiere Ud.? ¿Por qué?

Intercambios

Vocabulario para conversar

I. EL OCIO (LOS DEPORTES)*

LA PRIMAVERA

el campo field
correr to jog
  el correr jogging
hacer gimnasia to do gymnastics
jugar (al) béisbol/tenis to play
    baseball/tennis
el leotardo leotard
saltar to jump
las zapatillas de tenis tennis shoes

EL OTOÑO

el casco helmet
el equipo team
jugar (al) fútbol (americano) to play
    soccer (football)
jugar (al) jai alai to play jai alai
la meta goal
pedalear to pedal
tirar to throw

II. EL TRABAJO

el campo (profesional) (professional)
    field
ejercer to practice (*a profession*)
el empleo employment
el estrés stress
las labores de casa household chores
los mandados personales personal
    errands
perder (ahorrar) tiempo to waste
    (save) time
el puesto job, position
las tareas/los deberes homework
los trabajos de oficina office work
    (*clerical*)

EL VERANO

las gafas (de sol) (sun)glasses
nadar to swim
  la natación swimming
pescar to fish
  la caña de pescar fishing rod
el tubo de snorkel snorkel mask

EL INVIERNO

el cesto basket
esquiar to ski
  los esquís skis
jugar (al) básquetbol (baloncesto) to
    play basketball
patinar to skate
  los patines skates
el trineo sled
  ir en trineo to go sledding
  deslizarse en tobogán to go
    tobogganing

---

*Only the words and expressions from list I refer to the drawings in **Describir y comentar**.

TEMAS PARA DISCUTIR—LOS DEPORTES

A. ¿Practica Ud. regularmente algún deporte? ¿Cuál es? ¿Prefiere Ud. los deportes individuales (como la gimnasia o el correr) o los deportes de equipo? ¿Por qué?

B. En general, parece que en nuestra sociedad las mujeres participan menos en los deportes que los hombres. ¿Cree Ud. que esto se debe a la constitución biológica o a la influencia de la sociedad misma? ¿Puede ser una combinación de los dos factores? Justifique su opinión.

C. En su opinión, ¿resultan buenos *role models* para los jóvenes los atletas profesionales? ¿Por qué sí o por qué no?

D. Mire la tira cómica de la página 192. Describa brevemente al personaje de la tira cómica y luego narre lo que le pasa. ¿Qué consecuencias respecto a los deportes demuestra esta tira cómica? ¿Está Ud. de acuerdo? ¿Por qué sí o por qué no?

EL NIÑO RICO

A estos dos niños les gusta jugar en la arena pero, ¡qué diferencia entre su manera de construir castillos! Describa cómo son las palas que usa cada niño. ¿Hay otras diferencias entre los niños? ¿Cree que cuesta mucho una pala mecánica? De niño/a, ¿le gustaban más a Ud. los juguetes sencillos o los mecánicos? Y ahora, ¿cuáles son sus «juguetes» favoritos?

COMUNICACION CREATIVA

A. Hay algunos deportes norteamericanos que son poco comunes en los países hispanos—y viceversa. Descríbale los siguientes deportes a su amigo Luis, que no los conoce.

1. to throw a Frisbee
2. American football
3. surfing
4. skateboarding
5. barrel racing
6. tractor pulling

B. A veces Luis tiene dificultades con el vocabulario deportivo en inglés, porque muchas veces se usa con sentido metafórico. Explíquele a Luis el significado *no* deportivo de estas expresiones.

1. to get to first base
2. to strike out

3. to be in the home stretch
4. to throw in the towel

¿Puede Ud. dar más términos deportivos que se usan metafóricamente?

C. Cuando un país aprende un nuevo deporte, importado de otro país, a veces no existe el vocabulario necesario para describir las actividades del deporte. Por eso se tienen que inventar nuevas palabras. Por ejemplo, cuando los hispanos aprendieron el béisbol, el boxeo y otros deportes de los países anglohablantes, tuvieron que adaptar palabras inglesas al español. Esto se hizo a veces tomando palabras inglesas y cambiando un poco su pronunciación para que cupieran dentro del sistema fonético del español; a veces se cambiaron algunas letras también. ¿Qué significan las siguientes palabras? Defínalas en español.

1. el jonrón
2. fildear

3. pichear
4. el basque

5. el nocaut
6. el gol

El Paseo en la Zona Rosa, Ciudad de México

EL OCIO Y EL TRABAJO

A.   La vida de la mayoría de los adultos podría dividirse en cuatro aspectos.

- la vida profesional (el trabajo)
- la vida social (los amigos)
- la vida familiar (la familia nuclear)
- la vida personal (actividades, pasatiempos e intereses personales)

¿Qué porcentaje debe ocupar el desarrollo de cada aspecto en la vida del ser humano? Explique. Ahora determine el porcentaje que Ud. cree que cada aspecto ocupa en la vida de los siguientes individuos.

- un político
- un médico
- un ama de casa
- un joven de 15 años
- un actor de cine
- un sacerdote

¿Qué problemas puede crear la manera en que cada individuo tiene que dividir su tiempo? ¿Cómo le gustaría a Ud. dividir su tiempo? ¿Cree Ud. que esto le va a afectar al seleccionar una carrera determinada?

B.   Mire la siguiente tira cómica, teniendo en cuenta el hecho de que Felipe, el amigo de Mafalda, es un niño que sueña despierto (*daydreams*) con frecuencia. Explique Ud. lo que pasa en la tira cómica. ¿Qué indica eso sobre la actitud del niño hacia su tarea? En su opinión, ¿es un estudiante típico? ¿Por qué sí o por qué no? ¿Qué hará Felipe ahora? ¿Por qué piensa Ud. eso?

C. 🌅 **¡Necesito compañero!** A lo largo de la vida uno puede perder días, meses y hasta años en actividades de poca importancia y a veces hasta molestas. ¿Cuánto tiempo cree Ud. que se pasa típicamente en las siguientes actividades a lo largo de la vida? Trabajando con un compañero de clase, ordénenlas según el mayor a menor tiempo que se pierde haciéndolas.

_____ haciendo labores de casa
_____ marcando números de teléfono
_____ esperando que el agua del grifo (*faucet*) salga caliente
_____ haciendo colas
_____ abriendo correspondencia inútil (*junk mail*)
_____ buscando objetos perdidos
_____ esperando en los semáforos
_____ esperando que hierva (*boil*) el agua (para el café o la sopa)
_____ contestando llamadas de vendedores

Comparen sus resultados con los de los otros grupos de la clase. ¿Hay muchas diferencias en la evaluación de las actividades? ¿Cómo se compara la ordenación que hizo la clase con los datos que se encuentran en el texto de la página 195?

D. 🌅 **¡Necesito compañero!** Personalmente, ¿cuánto tiempo cree Ud. que pierde en hacer las actividades a continuación? Ordénelas de mayor a menor según el tiempo que Ud. haya perdido haciéndolas a lo largo de un año entero. Si quiere, agregue otras actividades a la lista.

_____ esperando en colas para matricularse
_____ dejando mensajes en las máquinas contestadoras
_____ esperando la llegada de los profesores a clase
_____ llenando formularios (para la universidad, el banco, etcétera)
_____ caminando (o viajando) a clase
_____ mirando los anuncios en la televisión
_____ repitiéndose lo que alguien no entendió la primera vez que Ud. lo dijo

Después de ordenar las actividades anteriores según su experiencia personal, entreviste a un compañero/a de clase para saber en qué orden el/ella ha organizado las mismas actividades. Luego comparen sus resultados con los de los otros grupos de la clase. ¿En cuál de las actividades se pierde más tiempo? ¿Qué técnicas utilizan los de la clase para reducir el tiempo perdido? ¿Qué sugiere el texto a continuación?

EN QUE PERDEMOS EL TIEMPO

A lo largo de nuestra vida pasamos cinco años esperando en las colas, seis meses parados ante los semáforos y dos años marcando números de teléfono. Datos tan curiosos como éstos y otros muchos han salido a la luz tras los estudios de un investigador en gestión del tiempo, Michael Fortino, que preside la Priority Management Pittsburgh, Inc. El trabajo de Fortino y sus colegas se realizó entre la población de los Estados Unidos y arrojó resultados como los siguientes: el ciudadano medio norteamericano pasa seis años de su vida comiendo, un año buscando efectos personales —el paraguas, una zapatilla, la cartera...— en casa o en la oficina; tres años esperando a las personas con las que está citado, ocho meses abriendo cartas que no le interesan, y cuatro años haciendo labores del hogar. La conclusión es que a la gente lo que le importa no es no perder el tiempo, sino perderlo como le da la gana.

Pero quizá uno de los más curiosos —quién sabe si útil— experimentos lo hizo en los *fast-food* o restaurantes rápidos de Pittsburgh. Intentando encontrar el más rápido —el menú era hamburguesa, patatas fritas y refresco— visitó todos los importantes, más de cien veces cada uno. El promedio arrojó 46 segundos para los Wendy's, un minuto para los McDonald's y tres minutos para los Burger King. ∎

En el restaurante más rápido —los Wendy's— se tarda un promedio de 46 segundos en conseguir el menú.

E. Perdemos mucho tiempo a lo largo de la vida, es cierto. Pero con los avances tecnológicos, también podemos ahorrar tiempo en el trabajo cotidiano. Por ejemplo, la máquina FAX nos permite enviar documentos en unos minutos.

1. ¿Qué máquinas o aparatos tecnológicos usa Ud. para ahorrar tiempo? De estos, ¿cuáles no existían cuando sus padres tenían su edad? ¿Qué invento le ayudaría a Ud. personalmente a ahorrar tiempo?
2. Mire el anuncio de la página 196. ¿Qué efecto ha tenido el progreso tecnológico para los secretarios? ¿Cree Ud. que los trabajadores siempre ven el progreso tecnológico como un bien? ¿Qué efectos negativos puede tener?

F. ☀ **Sondeo** Un día tiene solamente veinticuatro horas. Con todas las actividades, responsabilidades y deberes que la vida estudiantil implica, debe

haber gran diferencia entre los miembros de la clase en cuanto a la forma en
que pasan tiempo, ¿no es cierto? Siguiendo los pasos que se han establecido
en los capítulos anteriores, haga un sondeo para saber cómo pasan el tiempo
sus compañeros de clase. Al hacer las entrevistas, deben anotar el sexo de cada

entrevistado. Al final, por cada actividad saquen el promedio de horas que corresponde a cada sexo.

Grupo 1

	ENTREVISTADOS					
	A		**B**		**C**	
Como promedio, ¿cuántas horas al día...	V	M	V	M	V	M
1. duermes?	___		___		___	
2. gastas en comer?	___		___		___	
3. necesitas para el aseo personal (ducharte, vestirte)?	___		___		___	
4. pasas en hacer mandados (ir de compras, ir al banco, recibir y mandar correspondencia)?	___		___		___	

Grupo 2

	A		**B**		**C**	
Como promedio, ¿cuántas horas al día...	V	M	V	M	V	M
5. estás en clase?	___		___		___	
6. dedicas al estudio y las tareas académicas?	___		___		___	
7. pasas en ir y volver de tu casa a las clases?	___		___		___	
8. pasas hablando con los profesores fuera de clase?	___		___		___	

Grupo 3

	A		**B**		**C**	
Como promedio, ¿cuántas horas al día...	V	M	V	M	V	M
9. practicas algún deporte o haces ejercicio?	___		___		___	
10. miras televisión?	___		___		___	
11. lees libros (aparte de los de texto), periódicos o revistas?	___		___		___	
12. dedicas al ocio (a pasear, a charlar, a ir a los bares, a no hacer nada)?	___		___		___	

¿Qué revelan los resultados? ¿En qué actividades pasan más tiempo los de la clase? ¿Notan algunas diferencias entre las respuestas de los hombres y de las mujeres?

Estrategias para la comunicación

¿Tiene Ud. una habitación?   *Making travel arrangements*

When visiting another country, travelers find themselves in a number of predictable contexts. You already know many expressions related to food, money, health, and clothing. You will also need basic terms related to lodging. Here are some useful words and expressions.

> reservar una habitación (con anticipación)
> una habitación doble (sencilla/individual)
> > con/sin baño
> > con cama supletoria
> > con pensión completa (*meals included*)
> > con plan europeo (*only breakfast is included*)
> > con aire acondicionado
> > en el primer/segundo/tercer... piso*
> > tranquila / que da a la calle / con vista
>
> habitaciones contiguas
> una conferencia (llamada a larga distancia)
> la cuenta
> el conserje (*desk clerk*), el recepcionista
> ¿A qué hora hay que dejar la habitación?
> ¿Dónde está el baño (el váter / el WC / los servicios)?
> ¿Cuánto es al día?
> ¿Puedo pagar con tarjeta de crédito (cheques de viajero)?
> Quisiera cambiar moneda. ¿Pueden cambiarme $100 a pesos/pesetas/... ?

Practice the preceding expressions in these situations.

A.   Ud. viaja por España con sus padres. ¿Qué tipo de alojamiento (*lodging*) quiere arreglar? ¿Y si viaja con dos o tres compañeros de clase? ¿Qué preguntas se le deben hacer al recepcionista de un hotel en cada caso?

B.   ¡Necesito compañero!   Con un compañero de clase, preparen una pequeña dramatización de cada una de las siguientes situaciones. ¡OJO! Puede ser necesario usar algunas de las estrategias que se han practicado antes.

1.   You and a friend have just arrived at your hotel. Check with the front desk about changing money and making a long-distance call. Find out if the call can be charged to your bill so that you don't have to pay for it immediately.
2.   You and your friend find that your room faces a very noisy street. Besides that, the faucet leaks, the air conditioning doesn't work, and the room is quite small. Call the front desk and try to convince the **recepcionista** to give you another room at the same price. This will not be easy, since it is a holiday weekend and the hotel is almost (but not quite) full.
3.   You are ready to check out. You find that the bill has several errors, including several charges for phone calls you didn't make. Work this out with the **recepcionista**.

*Remember that English *first floor* corresponds to Spanish **la planta baja; el primer piso** refers to the *second floor,* **el segundo piso** refers to the *third floor,* and so on.

LAS PROFESIONES

A.   La mayoría de los siguientes profesiones y oficios tienen palabras cognadas en inglés. ¿Puede Ud. adivinar su significado?

el abogado/la abogada	el/la fontanero/a
el actor/la actriz	el hombre/la mujer de negocios
el albañil/la albañil	el/la ingeniero/a
el ama de casa*	el/la juez
el/la arquitecto/a	el/la maestro/a
el/la artista (de cine)	el/la mecánico/a
el auxiliar de vuelo/la azafata	el/la misionero/a
el/la barbero/a	el/la modelo
el/la bibliotecario/a	el/la panadero/a
el/la bombero/a	el/la pastor(a)
el/la camarero/a	el/la peluquero/a
el/la cocinero/a	el/la periodista
el/la consejero/a	el policía/la mujer policía
el/la contador(a)	el político/la mujer política
el/la decorador(a) del hogar	el/la profesor(a)
el/la dependiente/a	el/la puericultor(a)
el/la electricista	el sacerdote/la mujer sacerdote
el/la enfermero/a	el soldado/la mujer soldado

1. ¿Puede Ud. dar una breve definición en español de cada profesión u oficio que se nombra en la lista anterior?
2. ¿Cuáles son las profesiones más antiguas? ¿las más internacionales? ¿Cuáles requieren una preparación universitaria?
3. ¿Cuál es la profesión más peligrosa? ¿la más aburrida? ¿la más agradable? ¿la más desagradable? ¿la más prestigiosa? ¿la que proporciona más dinero?
4. Presente a la clase la descripción de lo que hace una persona que ejerce cierta profesión... sin nombrar la profesión. Sus compañeros identificarán la profesión a que Ud. se refiere.
5. Ahora describa el uniforme o traje que se asocia normalmente con cierta profesión. ¿Pueden adivinar sus compañeros la profesión a que Ud. se refiere?

B. ☼ **¡Necesito compañero!**   De las profesiones de la lista arriba, ¿cuáles se asocian comúnmente con los hombres? ¿Y con las mujeres? Trabajando con un compañero de clase, clasifiquen cada profesión en una de las siguientes categorías: realizadas comúnmente por los hombres; realizadas comúnmente por las mujeres; realizadas comúnmente por ambos sexos. Comparen su clasificación con la de los otros grupos de la clase. ¿Hay muchas opiniones diferentes? ¿Qué revela su clasificación sobre los cambios socioculturales ocurridos en los Estados Unidos durante los últimos veinte años? ¿Qué comparación

---

*The singular masculine definite and indefinite articles are used with **ama de casa** (*homemaker*), since **ama** begins with a stressed **a: el ama de casa, un ama de casa.**

puede hacerse entre la clasificación que hizo la clase y los resultados de un estudio que se hizo recientemente en España (véase el texto a continuación)?

Las profesiones sí tienen sexo

Con este cartel, editado por el Instituto de la Mujer, se pretende lograr una orientación profesional no sexista, adecuando así la formación femenina a las necesidades del mundo laboral. Hasta el momento, las chicas siguen inclinándose por las profesiones consideradas tradicionalmente «femeninas», lo cual dificulta la competencia con los varones a la hora de lograr un puesto de trabajo. En el reverso del cartel se dan opciones, métodos de trabajo para profesores y alumnos, y datos muy lamentables que indican que *las pro-*

fesiones sí tienen sexo, como, por ejemplo, que en nuestro país sólo hay un 5% de senadoras y un 0,6% de alcaldesas, o que en la Escuela de Ingenieros Industriales estudian casi 8.600 hombres frente a 580 mujeres.

C. ¡**Necesito compañero!** De las profesiones de la lista de la página 199, ¿cuál le pareció a la clase que era la más peligrosa? A veces, el peligro de una profesión no se deriva tanto del riesgo físico como del estrés que produce en la persona que la ejercita. Trabajando con un compañero de clase, ordenen de mayor a menor las quince ocupaciones a continuación según el estrés que causan.

_____ agente de cambio y bolsa   _____ mayorista (*wholesaler*)
_____ cajero de un supermercado   _____ minero
_____ camarero   _____ periodista
_____ conductor de tren   _____ piloto de avión
_____ controlador aéreo   _____ policía
_____ dentista   _____ profesores y catedráticos
_____ ejecutivo de una empresa   _____ programador
_____ institutriz (*governess*)

Comparen su trabajo con el de los otros grupos de la clase. ¿Hay muchas diferencias en la evaluación de las ocupaciones? Si quieren saber en qué orden aparecían en un estudio reciente, ¡vean el texto de la página 202!

Describa Ud. lo que pasa en el dibujo. ¿Quiénes son las personas? ¿Cuál es la relación entre ellas? ¿Ejerce el mayordomo una profesión de mucho o poco prestigio? ¿Qué características suele atribuírsele? Si Ud. fuera la viejita del dibujo y quisiera poner un anuncio en el periódico para encontrar un mayordomo, ¿cómo completaría esta oración? «Se busca individuo _____.»

CARRERAS E INDIVIDUOS

A. Cuando son muy pequeños, la mayoría de los niños quieren ser bomberos o barberos o policías o médicos. Muchas veces, cuando no pueden decidir, afirman que quieren ejercer *todas* esas profesiones. ¿Qué carrera quería Ud. ejercer cuando era niño/a? Una persona debe escribir en la pizarra las profesiones nombradas por los miembros de la clase. ¿Qué profesión se nombra con mayor frecuencia? ¿Por qué cree Ud. que tantos niños quieren ejercer esa profesión? ¿Qué profesión se nombra menos? ¿Cómo se explica esto? ¿Cuántos de Uds. todavía quieren ejercer la profesión que preferían de niños? Los que han cambiado de idea deben explicar por qué.

EL HIT-PARADE DE LAS PROFESIONES CON RIESGO DE ESTRES

No todas las profesiones requieren el mismo esfuerzo y la misma atención y por esta razón los resultados frente al estrés según la ocupación dan distintos índices de peligrosidad. Según un estudio realizado por INSERM y especialistas del Instituto americano, las quince profesiones que tienen más riesgo de contraer enfermedades producidas por el estrés son las siguientes:

1. Controlador aéreo.
2. Piloto de avión.
3. Conductor de tren.
4. Profesores y catedráticos.
5. Institutriz.
6. Agente de cambio y bolsa.
7. Mayorista.
8. Minero.
9. Dentista.
10. Camarero.
11. Ejecutivo de una empresa.
12. Cajera de un supermercado.
13. Policía.
14. Programador.
15. Periodista.

B. ¿Qué cualidades del grupo A son características indispensables de las personas que ejercen las profesiones del grupo B? Explique.

A		B	
la fuerza física	la inteligencia	abogado	modelo
la paciencia	la afabilidad	secretario	piloto
la destreza física	la curiosidad	dependiente	militar
la capacidad de organización	la imaginación	basurero	sacerdote
	la facilidad verbal	bombero	pintor
la ambición		científico	atleta
la astucia	la valentía	escritor	cirujano
la independencia	la agresividad	político	maestro

Ahora ponga en orden las profesiones del grupo B según el mayor o menor prestigio que tienen dentro de la sociedad. ¿A qué se debe ese prestigio o su falta? ¿al salario que gana una persona que ejerce esa profesión? ¿a la fama? ¿a los años de preparación necesarios? ¿Está Ud. de acuerdo con el prestigio que tiene cada profesión? ¿Hay profesiones que deben tener más prestigio? ¿menos? Comente.

ACTIVIDADES COLECTIVAS

Fórmense grupos de tres a cuatro estudiantes para hacer las siguientes actividades.

La preparación universitaria ideal

1. Preparen un plan de estudios para todos los estudiantes de su universidad. ¿Habrá requisitos para graduarse? ¿cursos electivos? ¿En qué va a consistir una especialización? ¿Puede elegir el estudiante un segundo campo de especialización? ¿Cuántas horas de clase tendría que cumplir antes de graduarse? ¿Tendrá un papel la práctica de deportes?
2. Preparen un nuevo sistema de notas para su universidad. ¿Debe haber exámenes o no? ¿En qué deben basarse las notas? ¿Cómo sería la escala de notas? ¿Deben incluirse el «más» y el «menos»? ¿Qué representan las notas? ¿Debe considerarse como nota buena una C?

La selección de la carrera

1. Describan al hombre de negocios ideal. ¿Qué atributos tiene? ¿Cómo es físicamente? ¿Qué antecedentes familiares, económicos, etcétera, tiene? Luego hagan el retrato de la mujer de negocios ideal. ¿En qué se parecen y se diferencian los dos retratos?
2. Cada persona debe preparar una descripción autobiográfica anónima, siguiendo el formulario de la página 204 o diseñando otro más apropiado. Después, las descripciones deben distribuirse entre los grupos. Cada grupo debe decidir la carrera que deben seguir las personas descritas. ¿Coinciden las recomendaciones del grupo con las aspiraciones profesionales de las personas?

DESCRIPCION AUTOBIOGRAFICA

Físicamente soy...

_____ moreno   _____ guapísimo   _____ gordo   _____ mediano
_____ alto   _____ rubio   _____ guapo   _____ normal
_____ delgado   _____ bajo   _____ pelirrojo   _____ regular

Mi personalidad es   _____ extrovertida   _____ introvertida

En un grupo, prefiero   _____ hablar   _____ escuchar

Prefiero trabajar   _____ solo   _____ con otros

Prefiero trabajar con   _____ la cabeza   _____ las manos

Prefiero trabajar   _____ de día   _____ noches

Prefiero   _____ dar mandatos   _____ obedecer mandatos

Prefiero   _____ tomar decisiones   _____ implementar decisiones

Mis habilidades:

_____ música   _____ escribir   _____ hablar otros idiomas

_____ arte   _____ atleta   _____ otra: _____

Mis pasatiempos preferidos:

_____ leer   _____ coser
_____ deporte: _____   _____ trabajar en el jardín
_____ cocinar   _____ trabajar con las manos
_____ mirar la televisión   _____ escuchar música
_____ bailar   _____ dormir
_____ comer   _____ tocar música: _____
_____ coleccionar: _____   _____ pintar
_____ viajar   _____ otros: _____

Mi preparación académica: _____ número de años en la universidad

Cursos favoritos: _____

_____

Quiero ganar al año como mínimo: _____

TEMAS PARA DISCUTIR—LA PREPARACION PROFESIONAL

A.   En algunas escuelas, los estudiantes se dividen en grupos, de acuerdo con sus capacidades y habilidades, y siguen un programa planeado para su grupo. ¿Qué ventajas y desventajas tienen estas divisiones? Si Ud. cree que es un buen sistema, ¿a qué edad debe empezar? ¿Qué criterios se deben usar para clasificar a los estudiantes?

B.   ¿Qué ventajas y desventajas tienen las escuelas pequeñas? ¿Y las escuelas grandes? ¿Hay individuos para quienes las escuelas pequeñas sean más apropiadas? Explique. En cuanto a los estudios universitarios, ¿son mejores las universidades grandes o las pequeñas? ¿Por qué?

C.   Nombre cinco maneras en que su educación—pasada o actual—lo/la ha preparado para la vida después de graduarse. ¿Puede nombrar también algunos aspectos de la vida para los que su educación no lo/la haya preparado bien? Explíquelos. Actualmente, ¿cómo se ayuda al estudiante de la escuela secundaria a elegir una carrera? ¿Cómo se podría mejorar el sistema?

D.   Se habla mucho actualmente de pleitos en contra de médicos y abogados por haber ejercido con negligencia su profesión. ¿Cree Ud. que los estudiantes deben tener derecho de entablar pleito (*to sue*) en contra de un maestro o de un profesor si logran graduarse sin poder leer o escribir? ¿Por qué sí o por qué no?

E.   Hoy en día, ¿qué tipos de becas hay disponibles para los estudiantes universitarios? ¿Son suficientes para costear sus gastos? ¿Qué otros tipos de ayuda financiera son asequibles (*available*)? ¿para quiénes? ¿Debe ser gratis la educación universitaria? ¿para todos? ¿sólo para algunos? Explique. ¿Cree Ud. que la educación secundaria debe ser obligatoria? ¿Por qué sí o por qué no?

Calles y profesiones

Los señores Carnicer, Zapata y Herrera ejercen las profesiones de carnicero, zapatero y herrero y viven en el paseo de los Carniceros, la calle del Zapato y la avenida Herrería. Pero todos tienen una profesión y una dirección diferentes a su nombre. Sabiendo que el zapatero tiene su casa en el paseo de los Carniceros y que el señor Carnicer es vecino de la calle del Zapato, ¿en qué calle vive y cuál es el trabajo de cada uno de ellos?

F.   Mire la tira cómica de la página 204. Para el niño de pelo rubio, ¿qué actividad distingue al ser humano de los otros animales? Para él, ¿es bueno o malo esto? En su opinión, ¿por qué creerá eso el niño? ¿Está Ud. de acuerdo? ¿Por qué sí o por qué no?

SITUACIONES Y PAPELES

A.   Entreviste a cinco personas que ya están trabajando en su campo o carrera preferida. Averigüe por qué cada individuo eligió la profesión que ejerce. Luego, con los compañeros de clase, haga una lista de los factores que influyen en la selección de una carrera, poniéndolos en orden de importancia.

B.   ¡Necesito compañero!   Escoja un compañero y entrevístelo sobre sus planes profesionales. ¿Qué profesión ha escogido? ¿Por qué? ¿Qué ha hecho ya para alcanzar su meta? ¿Qué tiene que hacer todavía? Luego comparta con la clase lo que ha aprendido sobre su pareja.

IMPROVISACIONES

Con otro estudiante, improvisen un escenario basado en una de las siguientes situaciones.

1. Un estudiante quiere que su profesor le cambie la nota final del curso.
2. Un profesor quiere convencer a un estudiante de que se especialice en el campo que él enseña.
3. Un profesor tiene que explicar a un estudiante por qué no le puede escribir una carta de recomendación.
4. Imagine que Ud. es profesor en una universidad grande que tiene un excelente equipo de fútbol americano. Ud. tiene en una de sus clases a un muchacho futbolista que casi nunca viene a clase. Cuando viene, nunca está preparado. Un día, después de no asistir a clase durante un mes, el futbolista viene a ver a Ud. y le pide un favor. Improvise el diálogo que tiene lugar entre Ud. y su estudiante.

PRO Y CONTRA

Fórmense tres grupos de cuatro o seis estudiantes para debatir los siguientes temas. Siguiendo los pasos establecidos en los debates de los capítulos anteriores—identificar, presentar, evaluar—la mitad de cada grupo debe preparar los argumentos afirmativos, mientras la otra mitad prepara los argumentos negativos. Los otros estudiantes de la clase deben preparar preguntas para hacerlas durante los debates y luego deben ayudar a decidir los casos.

——————— AFIRMATIVO ———————   ——————— NEGATIVO ———————

1. La universidad debe preparar al estudiante para una carrera determinada porque...

   La universidad debe darle al estudiante una preparación general (no especializada o profesional) porque...

2. Las escuelas sólo para hombres o sólo para mujeres siguen siendo necesarias porque...

   Las escuelas sólo para hombres o sólo para mujeres son anticuadas porque...

3. Pasar mucho tiempo mirando televisión no tiene gran efecto en nuestra cultura porque...

   Pasar tanto tiempo mirando televisión tiene un efecto *negativo* en nuestra cultura porque...

4. La asistencia masiva del público a competencias deportivas indica que una sociedad es saludable porque...

   La asistencia masiva del público a competencias deportivas indica que una sociedad es enferma porque...

COMPOSICION

1. **El deporte y la política.** Imagine que Ud. vive en el siglo XXII. Se ha cambiado la forma de los Juegos Olímpicos. Ahora, los jugadores compiten como individuos o grupos privados; no representan a las diversas naciones. Cuando los jugadores entran y salen al campo deportivo, no marchan bajo las banderas (*flags*) nacionales, y cuando ganan medallas, se toca la canción temática de los Juegos en vez del himno nacional de su patria. ¿Son mejores los Juegos de esta manera? ¿Por qué sí o por qué no?

2. **Las preferencias personales.** Complete una de las siguientes oraciones con un párrafo bien desarrollado.

   a. Yo prefiero vivir (no vivir) en una residencia mixta con hombres y mujeres porque...

   b. Si yo pudiera desempeñar cualquier puesto durante una semana, elegiría _____ porque...

   c. Es necesario (No es necesario) ejercer una profesión para tener una vida feliz porque...

3. Escriba el diálogo que tiene lugar entre el profesor y el futbolista en **Improvisaciones** número 4 de la página 206.

Spanish—English Vocabulary

This vocabulary does not include exact or reasonably close cognates of English; also omitted are certain common words well within the mastery of second-year students, such as cardinal numbers, articles, pronouns, possessive adjectives, and so on. Adverbs ending in **-mente** and regular past participles are not included if the root word is found in the vocabulary or is a cognate.

The gender of nouns is given except for masculine nouns ending in **-l, -o, -n, -e, -r,** and **-s** and feminine nouns ending in **-a, -d, -ión,** or **-z**. Nouns with masculine and feminine variants are listed when the English correspondents are different words (*grandmother, grandfather*); in most cases (**trabajador, piloto**), however, only the masculine form is given. Adjectives are given only in the masculine singular form. Verbs that are irregular or that have spelling changes are followed by an asterisk. In addition, both stem changes are given for stem-changing verbs.

The following abbreviations are used in this vocabulary.

adj.	adjective	*n.*	noun
adv.	adverb	*pl.*	plural
coll.	colloquial	*p.p.*	past participle
conj.	conjunction	*prep.*	preposition
f.	feminine	*pron.*	pronoun
inv.	invariable	*sing.*	singular
m.	masculine	*v.*	verb

A

abajo underneath
abaratamiento action and effect of lowering the cost
abeja bee; **picadura de abeja** bee sting
abiertamente openly
abogado lawyer; **abogado defensor** defense attorney
abolir* to abolish
abonado subscriber
aborto abortion
abrazar* to embrace, hug
abrelatas *m. sing.* can opener
abrigo overcoat
abuela grandmother
abuelo grandfather; *pl.* grandparents
aburrido boring; bored
aburrirse to get bored

acabar con to put an end to; **acabar de** + *inf.* to have just (*done something*); **acabar por** + *inf.* to end up by (*doing something*)
acaparar to corner the market
acción action; *pl.* shares, stock
accionista *m./f.* shareholder
acerca de about
acercarse* (a) to approach
acertar (ie) to hit upon, guess right
aclarar to clarify
acogida welcome; approval
acompañante *m./f.* escort
aconsejar to advise
acontecer to happen, take place
acordarse (ue) de to remember
actitud attitude

activar to activate
actriz actress
actual present, current
actualidad: en la actualidad at the present time
acudir a to come to
acuerdo agreement; **de acuerdo** in agreement; **de acuerdo con** in accordance with; **estar de acuerdo** to agree; **ponerse de acuerdo** to come to an agreement
acuñar to mint (*a coin*)
acusado defendant
adecuar to adapt, fit
además (de) besides, in addition (to)
adentro inside
adivinar to guess
adjuntar to enclose, attach
adquirir (ie) to acquire

aduana *sing.* customs
advenimiento arrival, coming
afecto affection
afeitar: máquina de afeitar shaver
afrontar to face, confront
agilidad speed
agotador exhausting
agotamiento exhaustion
agradable pleasant
agradecer* to thank
agradecimiento gratitude
agregar* to add
agresividad aggressiveness
agrícola *inv.* agricultural
agricultor farmer
agua *f.* (*but* **el agua**) water
aguantar to put up with
agujero hole
ahí there
ahijado godchild; *pl.* godchildren
ahora now
ahorrar to save
ahorros savings; **caja de ahorros** savings bank
ajeno belonging to another
alabar to praise
alai: jai alai *m.* Basque ball game
alargar* to lengthen
albañil bricklayer
alcalde mayor
alcaldesa mayor (*female*)
alcanzar* to reach, attain
alegrar to make happy
alegría happiness
alejar to keep (put) at a distance
alemán *n.* and *adj.* German
Alemania Germany
alfiler pin
algo something
algodonero *adj.* pertaining to cotton
alguien someone
algún, alguno *n.* and *adj.* some, any; **alguna vez** sometime, sometimes
alimentario *adj.* pertaining to food
alimentos *pl.* alimony
alivio relief
alma *f.* (*but* **el alma**) soul
almacén grocery store
alojamiento lodging
alquiler *n.* rent
alrededor de around; **a su alrededor** around him/her; **de los alrededores** in the outskirts
alto high; tall
alumno student
allá there; **el más allá** life after death; **más allá de** beyond
allí there

ama *f.* (*but* **el ama**): **ama de casa** homemaker
amante *m./f.* lover
amarillo *n.* and *adj.* yellow
amarrado tied up
ambiente: medio ambiente environment
ámbito boundary, perimeter
ambos *adj.* and *pron.* both
amenaza threat
amenazar* to threaten
amigo friend
amistad friendship
amor love
amplio full
ampolla blister
análogo similar
andaluz *n.* and *adj.* Andalusian
andar* to walk
ángel de la guarda guardian angel
angloparlante English-speaking
anglosajón *n.* and *adj.* Anglo-Saxon
angustiado anguished
animado: dibujos animados cartoons
animar to animate; to encourage
ánimo: estado de ánimo mood
anonimato anonymity
ante before, in front of; **ante todo** above all
antemano: de antemano beforehand
antepasado ancestor
anterior previous
antes before, previously; **antes de** before
anticipación: con anticipación in advance
anticonceptivos contraceptives
anticuado old-fashioned, out-of-date
antígeno antigen
antigüedad seniority
antipático unpleasant
antiquísimo very old
anuncio advertisement
añadir to add
año year; **tener... años** to be . . . years old
apagar* to turn off
aparato apparatus; machine; *coll.* television set; **aparato eléctrico** appliance
aparecer* to appear
apelar a to appeal to
apellido last name
aplazado postponed
aplicar* to apply
apoyar to support
aprender to learn
aprendizaje *n.* training
apretar (**ie**) to push; to squeeze

aprobar (**ue**) to approve; to pass (*a law*)
aprovechamiento utilization, development
aprovechar to take advantage; **aprovecharse de** to take advantage of
apuntado written down
apuro difficult situation
árbol tree
arma *f.* (*but* **el arma**) weapon; **arma de fuego** firearm
armamentista: carrera armamentista arms race
armario locker
arraigado rooted, settled
arreglar to arrange, put in order
arreglo arrangement
arriesgado risky
arriesgarse* to take a risk
arrojar to yield (*figures*); *coll.* to throw up
artilugio gadget
artista de cine *m./f.* movie star
arzobispo archbishop
asaltar to hold up
asalto holdup, robbery
asamblea: línea de asamblea assembly line
ascensor elevator
asegurar to assure
aseo grooming
asequible available
asesinar to kill, murder
asesinato murder
asesino murderer
así *adv.* thus, so; **así que** *conj.* so, then
asimilarse to assimilate
asistencia assistance, aid; attendance; **asistencia pública** welfare (*payments*)
asistir to attend
aspiradora vacuum cleaner
astronave *f.* spaceship
astucia shrewdness
asunto matter, affair; **asuntos exteriores** foreign affairs
asustar to frighten
ataúd *m.* coffin
atender (**ie**) to await
atento attentive
aterrizar* to land
atontarse to become befuddled
atracar* to hold up; to mug
atraco holdup; mugging
atraer* to attract
atrás behind
atravesar (**ie**) to cross, run through
atribuirse* to be attributed
atún tuna
aumentar to increase
aumento increase

aun even, yet
aún yet, still
aunque although
austríaco *n. and adj.* Austrian
autobús bus
autoestima self-esteem
autómata *m.* robot
automatización automation
automovilístico: parque auto-movilístico parking lot
auxiliar de vuelo flight attendant
avaro avaricious, greedy
aventurero adventurous
avergonzado ashamed
averiguar* to inquire into, find out, verify
avión *m.* airplane
avisar to warn; to notify
aviso notice
ayuda help
ayudar to help
azafata stewardess
azar: al azar at random; **juegos de azar** gambling
azúcar sugar
azul *n. and adj.* blue

B

bailar to dance
baile dance
bajar to lower
bajo *adj* low; short; *prep.* under; **clase baja** lower class; **planta baja** ground floor
bala bullet
balón ball
baloncesto basketball
bancario *adj.* bank, banking
bandeja tray
baño bath; **cuarto de baño** bathroom; **traje de baño** swimsuit
barato cheap
barbitúrico barbiturate
barco boat
barrio neighborhood
base: a base de by means of
bastante enough
bastar to be enough; **basta con** it is enough to
basura garbage; **depósito de basura** landfill
basurero garbage collector
batidora beater, mixer
beber to drink
bebida drink
beca scholarship
belga *n. and adj.* Belgian
Bélgica Belgium
Belice Belize
beliceño *n. and adj.* inhabitant of Belize

belicoso warlike
belleza beauty
beneficiar to benefit
beneficio benefit
beneficioso beneficial
besar to kiss
biblioteca library
bibliotecario librarian
bienes goods; **bienes raíces** real estate
billete ticket
bisabuela great-grandmother; great-grandparent
bisabuelo great-grandfather; great-grandparent; *pl.* great-grandparents
bisnieta great-granddaughter; great-grandchild
bisnieto great-grandson; great-grandchild; *pl.* great-grand-children
blanco white
bofetada slap; **dar una bofe-tada** to slap
bolígrafo ballpoint pen
bolita small ball
Bolsa stock market
bolsillo pocket
bombero firefighter
bombilla eléctrica light bulb
bombón candy
bombona (cigarette) lighter
boquilla cigarette holder
borde edge, border
borinqueño *n. and adj.* Puerto Rican
borrachera drunkenness
borracho drunkard
bosque woods
boticario pharmacist
botonera row of buttons (*for clothing*)
boxeo boxing
bracero farm worker, farm laborer (*Mexican*)
brasileño *n. and adj.* Brazilian
brasilero *n. and adj.* Brazilian
brazo arm
breve brief
bruto: ingresos brutos gross income
buen, bueno *adj.* good; **bueno** *adv.* well, all right
bufanda scarf
buho owl
burlar to elude; **burlarse de** to make fun of
buscar* to look for
búsqueda search

C

caballero gentleman
caballo horse

caber* to fit; **no caba duda** there is no doubt
cabeza head
cabezadita: echar una cabeza-dita *coll.* to nod off
cabildear to lobby
cabildero lobbyist
cabo: al cabo de at the end of; **al fin y al cabo** after all
cada *inv.* each, every; **cada vez más** more and more; **cada vez que** every time that
caer* to fall
café coffee; **café solo** black coffee; **café soluble** instant coffee
caja box; **caja de ahorros** savings bank
cajero cashier; teller
calabaza pumpkin
calculadora calculator
cálculo calculus
calefacción heat
calentar (ie) to heat (up)
calidad quality
caliente hot
calificado qualified
calmante depressant, sedative
calvicie *f.* baldness
calvo bald
callado quiet
callar to be quiet
calle *f.* street
cama bed
cámara camera; chamber; **Cámara de Representantes** House of Representatives
camarera waitress
camarero waiter
cambiar to change; to exchange; **cambiar de casa** to move; **cambiar de opinión** to change one's mind
cambio change; **a cambio (de)** in exchange (for); **agente de cambio** *m./f.* broker; **en cambio** on the other hand
caminar to walk; to go
camionero truck driver
camisa shirt
camiseta T-shirt
camorrista *inv.* quarrelsome
campanilla bell
campaña campaign
campeón champion
campesino peasant
campo field (*of specialization*); field (*sports*); countryside
canadiense *n. and adj.* Canadian
canal channel
canalizar* to direct the flow of traffic
canción song
candidatura candidacy

cannábico referring to marijuana
cantidad amount, quantity; sum (*of money*)
caña; caña de pescar fishing rod
capa layer
capacitado trained, equipped
capaz capable
cara face; **tener cara de disgustado** to look disgusted
caramelo caramel; candy
carecer* (de) to lack
carga liability; obligation; tax
cargado heavily laden
cargo office, position; charge; **a su cargo** under one's direction
caricaturista *m./f.* cartoonist
cariño affection
cariñoso affectionate
carnicero butcher
carrera career; course; race; **carrera armamentista** arms race
carretera highway
carta letter
cartel poster; handbill
cartera wallet
cartero mail carrier
casa house
casado: estar casado con to be married to
casarse (con) to get married (to)
casco helmet
casi almost
castaño brown
castigar* to punish
castigo punishment
castillo castle
casualidad chance; coincidence; **por casualidad** by chance
catalán *n.* and *adj.* Catalonian
Cataluña Catalonia
catarro *n.* cold
catedrático professor
causa: a causa de because of
causalista concerned with cause and effect
caza hunting
cazar* to hunt
ceja eyebrow
celos *pl.* jealousy
célula cell
cementerio cemetery
cenar to have dinner
ceniza ash
censo census
cepillo de dientes toothbrush
cerebro brain
cerilla match (*for igniting*)
cerveza beer
cesto basket
cielo sky; heaven

científico scientist
ciento: por ciento percent
cierto certain
cifra figure, number
cigarrillo cigarette
cima summit
cine cinema; movies; **artista de cine** *m./f.* movie star
cinta (cassette) tape
circulación traffic
cirugía surgery
cirujano surgeon
cita date, appointment
citado: estar citado con to have a date, appointment with
ciudad city
ciudadano citizen
claro clear; light (*color*); **claro que** of course
clase class; kind; **clase baja** lower class
clasificar* to classify
clave key (explanation)
clima *m.* climate
cobarde *m./f.* coward
cobrar to charge (*money*)
cociente quotient
cocina kitchen
cocinar to cook
cocinero cook, chef
coche car
codificado codified
código postal zip code
cognado: palabra cognada cognate
cogote nape, back of the neck
cohete rocket
cola line
colega *m./f.* colleague
colegio primary or secondary school
colocar* to put, place
colonizador colonizing
colorear: libro para colorear coloring book
comadre *f.* godmother (*used by godchild's parents*)
comarca region, district
comendador commander
comentar to comment on
comenzar (ie)* to begin
comer to eat
comerciante *m./f.* merchant
comercio commerce
cometer to commit
cómico: tira cómica comic strip
comida food; **cupón para comida** food stamp
comodidad convenience
cómodo comfortable; convenient
compadecer* to sympathize with, feel sorry for

compadrazgo relationship of godparents to godchild's parents
compadre godfather (*used by godchild's parents*); *pl.* godparents
compañero companion; **compañero de clase** classmate
compartir to share
compasivo compassionate
competencia competition
competir (i, i) to compete
complacerse* (en) to take pleasure in
complejo técnico machinery
comportamiento behavior
compra purchase; **salida de compras** shopping excursion
comprar to buy
comprender to understand
comprensivo *adj.* understanding
comprobar (ue) to verify; to prove
comprometerse (con) to become engaged (to)
compuesto *adj.* compound
comunicar* to communicate; to inform
comunidad community
comunitario *adj.* community
concebir (i, i) to conceive
conceder to grant, bestow
concluir* to conclude
concreto concrete, specific
conde count, earl
condena sentence (*law*)
condenar to condemn; to sentence
conducir* to drive
conectar to connect; to plug in
conferir (ie, i) to confer
confianza confidence
conflictivo conflicting
conforme a in accordance with
congelador freezer
congestionado congested, crowded
conjunto group
conocer* to know, be acquainted with
conocido acquaintance
conocimiento knowledge
conquistador conqueror
consciente conscious
conseguir (i, i)* to get, obtain; **conseguir** + *inf.* to manage to + (*do something*)
consejero counselor
consejo (piece of) advice
consenso concensus
conserje *m./f.* porter, doorman
conserva preserved food
conservador *n.* and *adj.* conservative
conservante preservative

consiguiente: por consiguiente consequently
consolidar to consolidate
constipado congested (*from a cold*)
constituir* to constitute
construir* to construct
consumidor consumer
consumo consumption
contador accountant, bookkeeper
contaminación pollution
contaminar to contaminate, pollute
contar (ue) to tell, relate
contemporáneo contemporary
contestar to answer
contestateléfonos: máquina contestateléfonos (phone) answering machine
contiguo adjacent
continuación: a continuación following
contorno outline
contra against; **en contra de** against; **pro y contra** pro and con
contraer* to contract, catch
contrapunto counterpoint
contrario opposite
contrato contract; agreement
controlador aéreo air traffic controller
convertir (ie, i) to change; **convertirse en** to become
convincente convincing
convivencia living together
convivir to live together
cónyuge *m./f.* spouse
coñac *m.* brandy
cooperar to cooperate
coordinar to coordinate
copa wineglass
copeo drinking
copiadora copier
corazón heart
corbata tie
cordillera mountain range
cordón cord
corregir (i, i)* to correct
correos: sello de correos postage stamp
correr *v.* to jog; *n.* jogging
corrida de toros bullfight
corriente current
cortacésped *m.* lawnmower
cortadura cut, incision
cortar to cut
corte *f.* court (*of law*)
corto short
cosa thing
coser to sew; **máquina de coser** sewing machine
costar (ue) to cost; to be difficult

costarricense *n.* and *adj. m./f.* Costa Rican
costear to pay for; to afford
costoso costly
costumbre *f.* custom, habit; **de costumbre** usually
costura seam
cotidiano daily
crear to create
creatividad creativity
crecer* to grow
crecimiento growth
creencia belief
creer* to think; to believe
cremallera zipper
criar* to raise (*children*)
crimen crime
criminalidad: índice de criminalidad crime rate
crisol melting pot
cristal glass; pane of glass
cristianismo: renacidos al cristianismo born-again Christians
criticar* to criticize
crítico *n.* critic
cruzar* to cross
cuadrado *adj.* square
cuadro portrait; painting
cualidad quality, characteristic
cualquier(a) *adj.* any
cualquiera anyone
cuánto how much; **en cuanto a** with regard to
cuarto *n.* room; *adj.* fourth; **cuarto de baño** bathroom
cubierto covered
cucaracha cockroach
cuenta account; bill; responsibility; **darse cuenta de** to realize; **tener en cuenta** to keep in mind
cuerpo body
cuestión question, matter
cuestionar to question; to dispute
cuestionario questionnaire
cuidado con look out for; **con cuidado** carefully; **tener cuidado de** + *inf.* to be careful to + (*do something*)
cuidar to take care of
culebra snake
culpa: echar la culpa to blame
culpabilidad guilt
culpable guilty
culpar to blame
cultivar to cultivate, grow
culto worship
cumpleaños *sing.* birthday
cumplir to fulfill; **cumplir años** to have one's birthday
cuñada sister-in-law
cuñado brother-in-law
cuota quota

cupiera *imperfect subjunctive of* **caber**
cupón para comida food stamp
cura *m.* priest
curación cure
curar to cure
curiosidad curiosity
curso course (*of study*)
cuyo whose

CH

chantaje blackmail
chapuza *coll.* unimportant job
chaqueta jacket
charco pond
charla chat
charlar to chat
chica girl; young woman
chico boy; young man
chileno *n.* and *adj.* Chilean
chino *n.* and *adj.* Chinese
chiste joke
chocante shocking
chocar* (con) to collide (with)
chocolatín chocolate candy
choque crash, collision
chupete pacifier

D

danés *n.* Dane; *adj.* Danish
dañar to damage
dañino damaging
daño damage; injury; *pl.* damages (*law*); **hacer daño** to damage; to hurt
dar* to give; **dar a luz** to give birth; **dar fuego** to give a light; **dar lugar** to cause; to give rise to; **dar un paseo** to go for a walk; **dar una bofetada** to slap; **dar una palmada** to pat; **dar una patada** to kick; **darse cuenta de** to realize
dato fact; *pl.* data; information
deber (de) *v.* should, must, ought to; to owe; **se debe a** is due to (*the fact*)
deber *n.* duty; *pl.* homework
debido proper
débil weak
debilitar to weaken
década decade
decir (i)* to say; to tell; **es decir** that is to say; **querer decir** to mean
decomiso seizure; confiscated goods
dedicar* to dedicate
dedo finger

defensor: abogado defensor defense attorney
dejar to leave; to let, allow; **dejar en paz** to leave alone
delante de in front of
delfín dolphin
delgado thin
delito crime
demandado defendant
demandante *m./f.* plaintiff
demandar to demand; to file a lawsuit against
demás: los demás the rest, the others
demasiado too, too much
demócrata *m./f.* democrat
demografía population trends
demostrar (ue) to demonstrate
dentro de within
denunciado reported (*to the police*)
dependiente clerk
deporte sport
deportivo *adj.* sports, sporting
depósito de basura landfill
deprimido depressed
derecha right (*direction*)
derecho right (*legal*)
derribar to shoot down
desabrochado unfastened
desacuerdo disagreement
desagradable disagreeable
desanimar to discourage
desaparecer* to disappear
desarrollar to develop
desarrollo development; **en vías de desarrollo** developing
desatado unleashed, untied
descalzo barefoot
descansar to rest
descendencia *sing.* descendants
descendiente *m./f.* descendant, offspring
descenso fall; collapse
desconcierto surprise, confusion
desconfianza mistrust
descongelación thawing
desconocido *n.* stranger; *adj.* unknown
desconocimiento ignorance
descontento unhappy
descrito (*p.p. of* **describir**) described
descubridor discoverer
descubrimiento discovery
descubrir* to discover
desde from, since; **desde entonces** since then; **desde hace tiempo** for some time; **desde luego** of course
desdén disdain
desdeñar to disdain, scorn
desdeñoso scornful

desear to wish
desechable disposable
desempeñar to fulfill, carry out; **desempeñar un papel** to play a part
desempleo unemployment
desenchufar to unplug
desenlace outcome, climax (*of story*)
desesperado desperate
desfalco embezzlement
desfile parade
desigual unequal
desinflado flat (*tire*)
desintoxicación detoxification
desmemoriado forgetful
desocupado free, unoccupied
desodorante deodorant
despectivo derogatory, contemptuous
despedir (i, i) to fire, dismiss
despertador alarm clock
despierto (*p.p. of* **despertar**) awake
despreciar to despise, scorn
desprecio scorn
desprender to come loose
después after, afterwards; **después de** after
destino destiny; destination
destreza skill
destruir* to destroy
desventaja disadvantage
desviarse* to deviate, branch off
detallado detailed
detalle detail
detener (ie)* to stop; to arrest
deterioro deterioration
determinado determined; specific
detrás de behind
devolver (ue)* to return (*something*); *coll.* to throw up
devorar to devour
día *m.* day; **de día** by day; **día festivo** holiday; **hoy (en) día** nowadays; **ponerse al día** to bring oneself up to date; **todo el día** all day long; **todos los días** every day
diablo devil
diario daily
dibujar to draw
dibujo drawing; **dibujos animados** cartoons
dictador dictator
dictadura dictatorship
dictar to prescribe
dicho *n.* saying, proverb; (*p.p. of* **decir**) said
diente tooth; **cepillo de dientes** toothbrush
dietético diet
dietista *m./f.* dietician
diferenciador differentiating

diferenciarse to be different
difícil difficult
dificultad difficulty
dificultar to render difficult
difunto dead person
Dinamarca Denmark
dinero money
Dios God
diplomático diplomat
dirección address
dirigente manager
dirigirse* (a) to be directed (to), to address
disco record
disco(teca) disco(theque)
discriminar to discriminate
discurso speech; **pronunciar un discurso** to deliver a speech
discutir to discuss, to argue about
diseñar to design
diseño design
disfraz *m.* costume
disfrazarse* (de) to disguise oneself (as)
disfrutar (de) to enjoy
disminuir* to diminish
disparar to shoot
disponer* (de) to have at one's disposal
disponible available
dispuesto (*p.p. of* **disponer**) willing; **estar dispuesto a todo** to be willing to do anything
distar: dista mucho de ser (it) is far from being
distinto different
distintivo distinctive, characteristic
distribuidor distributor
distribuirse* to be distributed
diversos various
divorciarse to get divorced
divulgación disclosure
dobladillo hem
dolor pain, ache
dolorido *adj.* sore, aching
doméstico *adj.* household
domiciliación bancaria banking address
dominante chief, prevailing
dominar to dominate
dominical: escuela dominical Sunday school
dominicano *n. and adj.* Dominican
don title of respect used before a man's first name
donante *m./f.* donor
doña title of respect used before a woman's first name
dormir (ue, u) to sleep
dorso back

drogarse* to take drugs; to get
high
ducharse to take a shower
duda doubt; **no cabe duda**
there is no doubt
duende goblin, spirit
dueño owner
dulce candy
durar to last
duro *n.* peso, dollar; *adj.* hard,
harsh

E

ecuador equator
ecuatoriano *n.* and *adj.*
Ecuadorian
echar to throw out; **echar la
culpa** to blame; **echar una
cabezadita** *coll.* to nod off;
echar un vistazo a to glance
at; **no echar nada de menos**
not to miss at all
edad age
edificio building
educar* to educate
educativo educational
EEUU (Estados Unidos)
United States
efectividad effectiveness
efectuar* to perform, carry out
eficaz efficient
egipcio *n.* and *adj.* Egyptian
ejecutivo *n.* and *adj.* executive
ejercer* to practice (*a
profession*)
ejercicio exercise; **hacer
ejercicio** to exercise
ejercitar to exercise, practice
ejército army
elaborar to elaborate
electricista *m./f.* electrician
eléctrico: aparato eléctrico
appliance; **bombilla eléctrica**
light bulb
**electrónico: espionaje elec-
trónico** "bugging,"
wiretapping
elegir (i, i)* to choose
elevar to raise
eliminar to eliminate
embajador ambassador
embarazada pregnant;
quedarse embarazada
to become pregnant
embargo: sin embargo
nevertheless; however
embriaguez drunkenness
embrutecedor dehumanizing
embutido *coll.* crammed
emigrar to emigrate
emisión broadcast
emocionado excited
emocionante thrilling

empeñarse en to be bent on
empezar (ie)* to begin
empleado employee
emplear to employ
empleo employment
empollón nerd
emprender to begin; to under-
take
empresa firm, company
empresario manager
encargarse* (de) + *inf.* to
take charge (of) (*doing
something*)
encendedor (cigarette) lighter
encender (ie) to turn on
(*appliances*)
encía gum (*mouth*)
encima on top of; over; besides
encontrar (ue) to find;
encontrarse con to meet with
encuesta opinion poll
encuestador poll taker
enchufar to plug in
enemigo enemy
enérgico energetic
enfermarse to become ill
enfermedad illness
enfermero nurse
enfermo *n.* sick person; *adj.*
sick
enfrentar to face
enfrente de in front of
engañar to deceive
engañoso misleading, false
enmienda amendment
enojado angry
enormemente enormously
ensayo essay
enseñar to teach
ensuciar to pollute
entablar to file (*a lawsuit*)
entender (ie) to understand
entendimiento understanding
enterarse de to find out about
entero whole
enterrar (ie) to bury
entidad firm; organization
entierro burial
entonces: a partir de entonces
from then on; **desde
entonces** since then
entorno environment,
surroundings
entrada entrance
entrañar to involve
entrar (en, a) to enter
entre among, between
entretenido pleasant,
entertaining
entrevista interview
entrevistado person
interviewed
entrevistar to interview
enviciado *n.* addict; *adj.*
addicted

envidia envy
envoltorio wrapping, container
época epoch; time
equilibrio balance; **frenos y
equilibrios** checks and
balances
equipo team; equipment
equivocarse* (de) to be
mistaken (about)
erupción rash
escala scale
escalofrío chill
escenario scene; setting
escocés *n.* Scot; whisky; *adj.*
Scottish
Escocia Scotland
escoger* to choose
escollo obstacle, difficulty
escribir* to write
escritor writer
escritura writing
escuchar to listen to
escudo coat of arms
escuela school; **escuela dominical** Sunday school
esfuerzo effort
espacio space; outer space
espalda back; *pl.* shoulders;
**tener las espaldas bien cu-
biertas** to be well-protected
espantapájaros *sing.* scare-
crow
español *n.* Spaniard; *adj.*
Spanish
especialización major
esperanza hope
esperar to hope; to wait (for);
to expect
espía *m./f.* spy
espionaje electrónico
"bugging," wiretapping
espíritu *m.* spirit; disposition
esposa wife; *pl.* handcuffs
esposo husband
esqueleto skeleton
esquema *m.* plan, outline
esquí *m.* skiing; ski
esquiar* to ski
estabilidad stability
establecer* to establish
establecimiento establishment
estación station; season
estacionar to park
estadística statistic
estadístico statistical
estado de ánimo mood
estadounidense *n.* and *adj.*
American (of or from the
United States)
estafa fraud
estafador swindler
estar* to be; **estar de acuerdo** to agree; **estar citado con**
to have a date, appointment
with

estatal *adj.* pertaining to the state
estatua statue
estatura height
estilográfico: la pluma estilográfica fountain pen
estimar to estimate; to value
estimulante "upper," stimulant
estómago stomach
estrechar to take in, narrow
estrecho *n.* strait; *adj.* tight; narrow
estrella star
estreñido constipated
estrés stress
estropajo de aluminio scouring pad
estudiantil *adj.* of or pertaining to students
etapa stage (*period of time*)
ética ethical
evaluar* to evaluate
evitar to avoid
exactitud accuracy
exagerar to exaggerate
examen test
excluir* to exclude
exigente demanding
exigir* to demand
exiliado exile (*person*)
existente existing
éxito success
exonerar to exonerate
experimentar to experience
explicar* to explain
explotar to exploit
expropiado expropriated
expuesto (*p.p.* of **exponer**) exposed
extenso extensive
exterior: asuntos exteriores foreign affairs
externo outward
extraer* to extract
extranjero *adj.* foreign; **en el extranjero** abroad
extrañar: no es de extrañar it is not to be wondered at

F

fábrica factory
fabricación manufacture
fabricante *m./f.* manufacturer
fabricar* to manufacture
fácil easy
facilidad convenience; fluency
facilitar to facilitate
falda skirt
falsificación forgery
falta lack; **hacer falta** to be wanting; to be lacking
faltar to lack; **faltar al respeto** to be disrespectful

fallar to fail
fallecer* to die
fallo failure
fama fame; **tener fama de** to be famous for
familiar *adj.* of or pertaining to the family
fantasma *m.* ghost
fantasmal ghostly
fatal awful, terrible
favor: a/en favor de in favor of; **por favor** please
fecha date
felicidad happiness
feliz happy
feminidad femininity
feroz ferocious
ferrocarril railroad
festivo: día *m.* **festivo** holiday
fiar* to trust
fidelidad fidelity; exactness
fiebre *f.* fever
fiesta party
fijamente fixedly
fijarse (en) to notice, pay attention (to)
fin end; goal; **al fin** finally; **al fin y al cabo** after all; **por fin** finally
final *n.* end; *adj.* final; **a finales de** at the end of; **al final (de)** at the end (of)
financiero financial
finlandés *n.* Finn; *adj.* Finnish
fino fine, delicate
firma signature; firm, company
firmante *m./f.* signer
fiscal prosecuting attorney
fisonomía facial features
flamenco *n.* flamenco (*music, dancing, singing*); *adj.* Flemish
florecer* to flourish
fomentar to foster
fondo: en el fondo deep-down
fontanero plumber
forjar to forge
formular to formulate
formulario form, questionnaire
forofo fanatic, fan
fortuito accidental
forzar (ue)* to break through
fósforo match (*for igniting*)
fracasar to fail
fracaso failure
francés *n.* Frenchman; *adj.* French
frase *f.* phrase, sentence
fraternidad fraternity
fregar (ie)* to scrub; to wash
frenillo braces
frenos y equilibrios checks and balances
frente: en frente in front; **frente a** facing, opposite
frigorífico refrigerator

frío cold
frito: (*p.p.* of **freír**) **patatas fritas** french fries
frontera *n.* border
fronterizo *adj.* border
frustrante frustrating
frustrarse to be frustrated
fuego fire; **arma de fuego** firearm; **dar fuego** to give a light
fuente *f.* source
fuera (de) outside (of)
fuerte strong
fuerza strength; power
fumador smoker; **no fumador** nonsmoker
fumar to smoke
fundador founder
fusilado shot
fútbol soccer; **fútbol americano** football
futbolista *m./f.* soccer/football player

G

gabinete cabinet (*political*)
gafas glasses; **gafas de sol** sunglasses
gama range
gana: darle a uno la gana + *inf.* to feel like (*doing something*)
ganadería cattle raising
ganar to earn; to win
garantizar* to guarantee
garganta throat
garrote club, stick
gaseosa soft drink, soda
gastar to spend; to waste
gasto expense
gato cat
gemelo twin
gen gene
general: por lo general in general
género gender
genialidad stroke of genius
genio genius
gente *f. sing.* people
gerencia management
gerente manager
gestión management
gesto gesture
gigantesco gigantic
gimnasia gymnastics
gimnasta *m./f.* gymnast
ginebra gin
gobernador governor
gobierno government
golfo gulf; **Golfo Pérsico** Persian Gulf
golpe de estado coup d'état
golpear to hit

gordo fat; **hacer la vista gorda** *coll.* to pretend not to see
gorro cap
gota drop
gozar* (de) to enjoy
grabación recording
grabadora tape recorder
gracias thank you; **gracias a** thanks to; **hacer gracia** to please
gracioso funny
graduarse* to graduate
gráfico/a graph, diagram
gran, grande great; large; **Gran Bretaña** Great Britain
granjero farmer
graso oily, greasy
gratis *inv.* free
gratuito free
grave serious
gravedad seriousness
Grecia Greece
griego *n. and adj.* Greek
grifo faucet
gripe *f.* flu
gris gray
gritar to shout (at)
guante glove
guapo handsome
guarda: ángel de la guarda guardian angel
guardar to keep
guardia guard (*body of armed people*)
guatemalteco *n. and adj.* Guatemalan
guerra war
guerrero warlike
guerrillero guerrilla
guía *m./f.* guide
gustar to be pleasing
gusto pleasure; **al gusto** to individual taste

H

Habana Havana
haber* to have (*auxiliary verb*)
habilidad ability
habilidoso skillful
habitación room
habitante *m./f.* inhabitant
hablar to speak; to talk
hacer* to do; to make; **desde hace tiempo** for some time; **hace...** (*time period*)/(*time period*) . . . ago; **hacer daño** to damage; **hacer ejercicio** to exercise; **hacer el papel** to play the role; **hacer falta** to be wanting; to be lacking; **hacer gracia** to amuse; to please; **hacer la vista gorda** *coll.* to pretend not to see;

hacer preguntas to ask questions; **hacer trampas** to cheat; **hacerse** to become; **hacerse llamar** to have oneself be called
hacia toward
hachís hashish
haitiano *n. and adj.* Haitian
hallazgo discovery
hamaca hammock
hambre *f.* (*but* **el hambre**) hunger
hampa *f.* (*but* **el hampa**) underworld
hasta *prep.* until; *adv.* even; **hasta que** *conj.* until
hay (*from* **haber**) there is, there are; **hay que** + *inf.* it is necessary to (*do something*)
hecho *n.* fact; *adj.* (*p.p. of* **hacer**) made
helado ice cream; ice cream cone
heladora freezer
hendidura cleft
heredar to inherit
heredero beneficiary of a will
herencia heritage
herida wound
hermana sister
hermano brother; *pl.* siblings
heroinómano heroin addict
herrería blacksmithing
herrero blacksmith
hervir (ie, i) to boil
hija daughter
hijastra stepdaughter
hijastro stepson
hijo son; *pl.* children
hinchado swollen
hispánico *adj.* Hispanic
hispano *n. and adj.* Hispanic
hispanohablante *m./f.* Spanish speaker
hispanoparlante *m./f.* Spanish speaker
historia history; story
hogar home
holandés *n.* Dutchman; *adj.* Dutch
hombre man; **hombre de negocios** businessman
hondureño *n. and adj.* Honduran
honestidad decency; honesty
hora hour; time
horario schedule
horno oven
hoy today; **hoy (en) día** nowadays
hoyuelo dimple
huelga strike
hueso bone
humanidad humanity

humanitario humanitarian
húmedo humid
humo smoke
hundirse to sink
húngaro *n. and adj.* Hungarian

I

identificar* to identify
idioma *m.* language
idóneo suitable
iglesia church
igual equal
igualdad equality
imagen *f.* image
impermeable raincoat
implantar to establish
implicar* to imply
imponerse* to assert oneself; to dominate
importar to matter, be important
imposición: la imposición de manos the laying on of hands
impotente powerless
imprescindible imperative; indispensable
impresionar to impress
impuestos taxes; **impuestos sobre la renta** income taxes
incapaz incapable
incautado seized (*by law*)
incineración cremation
incinerar to cremate
inclinarse por to be inclined toward
incluir* to include
incluso *prep.* even; *adv.* including
incómodo uncomfortable
incomprensivo *adj.* demonstrating a lack of understanding
incrementarse to increase
indemnización compensation
indemnizar* to compensate
indicar* to indicate
índice rate; **índice de criminalidad** crime rate; **índice de natalidad** birthrate
indiscutible indisputable
indispuesto *adj.* indisposed
inevitable unavoidable
infantil *adj.* children's; childish
infarto heart attack; stroke
infierno hell
influir* to influence
informatizar* to computerize
informe report
infrahumano subhuman
ingeniería engineering
ingeniero engineer

ingenio ingenuity, inventiveness
ingenioso ingenious
ingerir (ie, i) to ingest
Inglaterra England
inglés *n.* Englishman, English (language); *adj.* English
ingresos *pl.* income; **ingresos brutos** gross income
iniciar to initiate
inmigrar to immigrate
inocular to inoculate
inolvidable unforgettable
inquietarse to become upset, worried
inseguro insecure
insólito unusual
insoportable intolerable
institutriz governess
insuperable unsurmountable
integrar to integrate
intentar to attempt
intento attempt
intercambiar to exchange
interesado interested
interior interior; domestic; **ropa interior** underwear
interno internal
interrumpir to interrupt
intravenoso: por vía intravenosa intravenously
intuir* to perceive intuitively
inventiva inventiveness
invento invention
invernal *adj.* pertaining to winter
inversión investment
investigación research
investigar* to investigate
invierno winter
invitado guest
ir* to go; to suit, fit
irlandés *n.* Irishman; *adj.* Irish
isla island

J

jabón soap
jai alai *m.* Basque ball game
jamás never
jarabe para la tos cough syrup
jardín garden
jefe boss
jerga slang
jinete horseman
jornada day's work
joven *m./f.* young person; *adj.* young
jubilación retirement
jubilarse to retire
judío *n.* Jew; *adj.* Jewish, Hebrew
juego game; **juego de palabras** play on words; **juegos de azar** gambling

juerga: ir de juerga to go on a spree; to enjoy oneself
juez *m.* judge
jugador player
jugar (ue)* to play; **jugar al + n.** to play (*a sport*)
juguete toy; **de juguete** toy (*used as adj.*)
junta council, board
juntos together
jurado jury
jurídico *adj.* judicial
justificar* to justify
juventud youth
juzgado tried (*in a court of law*)

L

labio lip
laboral *adj.* pertaining to work, labor
labores *f.* **de casa** household chores
laca hair spray
lacio straight
lado side; **al lado** at one's side; **al lado de** next to; **a ningún lado** no place, (not) anyplace; **por otro lado** on the other hand; **por un lado** on one hand
ladrón thief
lago lake
lamentable sad; deplorable
lanzar* to launch
lápida tombstone
largo long; **a lo largo de** throughout; **llamada a larga distancia** long-distance phone call
lata tin; can
lavado washing
lavadora washing machine
lavar to wash
leer* to read
lejos far
lengua language
lenguaje común everyday language
lente *m./f.* **de contacto** contact lens
lentilla contact lens
lesión wound, lesion
letrero sign, placard
leve light
ley *f.* law; **promulgar una ley** to pass a law
liberarse to liberate oneself
libro book
licuadora blender
limpiador cleanser
limpiar to clean; **limpiar el polvo** to dust

limpieza cleaning
línea de asamblea assembly line
lío *coll.* mess
liquidación sale
liso smooth
lista list
listo ready
litro liter
lóbulo earlobe
localidad location
loco crazy
locura insanity
lograr to achieve; to obtain, get; to enjoy; to manage; **lograr + inf.** to manage to, succeed in (*doing something*)
Londres London
lucir* to shine; to excel
lucha fight
luchar to fight
luego then, next; **desde luego** of course
lugar place; **dar lugar a** to cause; to give rise to; **en lugar de** instead of
luminoso bright (*in color*); **señal** *f.* **luminosa** traffic light
luna moon
luto mourning; **estar de luto** to be in mourning
luz light; **dar a luz** to give birth; **salir a la luz** to come to light

LL

llamada phone call; **llamada a larga distancia** long-distance phone call
llamar to call; **llamarse** to be named
llano *adj.* flat
llanta tire
llanto *n.* sobbing
llegada arrival
llegar* to arrive, come; **llegar a + inf.** to manage to (*do something*)
llenar to fill out
llevar to carry; to wear; to bring; **llevar a la práctica** to carry out; **llevarse** to take, take away; to steal
llover* to rain

M

machista macho, sexist
madre *f.* mother
madrina godmother
madurar to mature
maestro teacher

mafioso member of the Mafia
magnetofón tape recorder
mal, malo *adj.* bad; **mal** *adv.* badly
malcriado spoiled
maleficio spell, curse
Malvinas: las Islas Malvinas the Falkland Islands
mandamiento commandment
mandar to send; to order, command
mandato command
mandón bossy
manera way, manner; **de la misma manera** in the same way; **de otra manera** any other way
manifestación manifestation; demonstration (*political*)
manifestar (ie) to show, reveal; to express
manifiesto manifesto, public statement
mano *f.* hand; **a manos de** at the hands of; **mano de obra** work force
manta blanket
mantener (ie)* to support, maintain
mantenimiento maintenance; support
maquillaje makeup
máquina machine; **máquina contestateléfonos** (phone) answering machine; **máquina de afeitar** shaver; **máquina de coser** sewing machine
mar *m./f.* sea
maravilla marvel
maravilloso marvelous
marcado pronounced
marcar* to dial; to indicate
marcha: en marcha in motion; **poner en marcha** to put in motion
marchar to march
marido husband
marihuana marijuana
marrón brown
marroquí *n.* and *adj.* Moroccan
masa: producción en masa mass production
masticar* to chew
matamoscas *m. sing.* fly swatter
matanza slaughter
matemático *n.* mathematician; *adj.* mathematical
Mateo Matthew
materno maternal
matrícula tuition; **número de matrícula** registration number
matrimonial marital
matrimonio marriage; married couple

mayor *n.* adult; *adj.* older; greater, greatest; highest
mayordomo administrator
mayoría majority
mayorista *m./f.* wholesaler
mayoritario *adj.* of or pertaining to the majority
mecánico *n.* mechanic; *adj.* mechanical; **pala mecánica** power shovel
mecanógrafo stenotypist
mechero (cigarette) lighter
medalla medal
media *n.* average
medianamente moderately
mediano *adj.* average
medicamento medicine
médico *n.* doctor; *adj.* medical
medida measure; **a medida que** as
medio *n. pl.* means; media; *adj.* middle; medium, average; half; **el de en/el del medio** the one in the middle; **medio ambiente** environment; **Medio Oriente** Middle East; **por medio de** by means of
médula (ósea) (bone) marrow
medular of or pertaining to marrow
mejor better, best
mejorar to improve
mellizo twin
menor younger, youngest; smaller; lesser, least; **menor de edad** underage, minor
menos less, least; **a menos que** unless; **al menos** at least; **el «más» y el «menos»** the pros and cons; **no echar nada de menos** not to miss at all; **por lo menos** at least
mensaje message
mensual monthly
mercado market
mes month; **al/por mes** per month
mesa table
meta goal
meter to put, insert
método method
metro subway
miedo: tener miedo (de) to be afraid of
miedoso fearful
miembro member
mientras (que) while
migratorio migrant
milagro miracle
milagrosamente miraculously
militar *n.* soldier; *adj.* military
mimar to spoil
minería mining
mínimo minimum

ministerio ministry, department
minoría minority
minoritario *adj.* minority
miopía near-sightedness
mirador balcony
mirar to look (at), watch
mismo *n.* same one; *adj.* same; self
mitad half; **a mitad de** in the middle of
mocoso brat
Moctezuma Montezuma
mochila backpack
moda: estar de moda to be in style
modal: buenos modales good manners
modalidad manner, method
modélico *adj.* model
moderado *n.* and *adj.* moderate
modo manner, way; **modo de vivir** lifestyle
mojado *coll.* "wetback"
molde mold, model
molestar to bother
molestia annoyance
molestoso bothersome
momia mummy
monarquía monarchy
moneda currency
monja nun
monstruo monster
montaña mountain
montañero mountain climber
montañoso mountainous
montar to put on (*a show*)
monte mountain
moraleja *n.* moral
morder (ue) to bite
mordida *coll.* bribe
moreno *n.* dark-haired and/or dark-complected person; *adj.* dark-haired; dark-complected
morir (ue, u)* to die
moro *n.* and *adj.* Moslem
mortal deadly
mostrar (ue) to show
motivar to motivate
motivo: por motivo de because of
moto(cicleta) motorcycle
motriz *adj.* motor
móvil portable
movimiento movement
muchacha girl
mucho a lot (of); *pl.* many
mudarse to move
muerte *f.* death
muerto (*p.p.* of **morir**) *n.* dead person; *adj.* dead
mujer *f.* woman; wife; **mujer de negocios** businesswoman
multa *n.* fine

multar to fine, penalize
mundial *adj.* pertaining to the world
muñeca/o doll
murciélago bat
músculo muscle
museo museum
musulmán *n.* and *adj.* Moslem
mutuamente mutually

N

nacer* to be born
nacimiento birth
nada *n.* nothing, not anything; *adv.* not at all; **más que nada** more than anything
nadar to swim
nadie no one
nalga: parto de nalgas breech birth
naranja orange
nariz nose
narrar to narrate
natación swimming
natal native
natalidad: control de natalidad birth control; **índice de natalidad** birthrate
naturaleza nature
náufrago shipwrecked person
Navidad Christmas
necesitar to need
necrología obituary
negar (ie)* to deny
negocio business; **hombre de negocios** businessman; **mujer** *f.* **de negocios** businesswoman
negro black
neolítico *adj.* Stone-Age
neoyorquino New Yorker
nevado snow-covered
nevera refrigerator
ni nor; **ni... ni** neither . . . nor
nicaragüense *n.* and *adj. m./f.* Nicaraguan
nieta granddaughter
nieto grandson; *pl.* grandchildren
nieve *f.* snow
ningún, ninguno no, not any, none; **a ningún lado** no place, (not) anyplace
niña girl; **de niña** as a child
niño boy; **de niño** as a child
nivel level
noche *f.* night; **en la noche** at night
nombrar to name
nombre (first) name
norte north
noruego *n.* and *adj.* Norwegian
nota grade (*academic*); **nota de quita y pon** Post-it note

notar to note, notice
noticia news item; *pl.* news
novia girlfriend; fiancée
noviazgo engagement
novio boyfriend; fiancé; *pl.* sweethearts; newlyweds
nuera daughter-in-law
nuevamente again; recently
nuevo new; **de nuevo** again
número number; size
nunca never, not ever

O

obedecer* to obey
obra work; product; **mano** *f.* **de obra** work force
obrero *n.* worker; *adj.* working
obsesionado obsessed
obstétrico obstetrician
obtener (ie)* to obtain
occidental western
Occidente West
ocio leisure, pastimes
ocupar to occupy
odiar to hate
odio hate, hatred
odioso hateful
oeste west
oferta offer; **oferta y demanda** supply and demand
oficina office
oficinista *m./f.* clerk, office worker
oficio occupation, trade
ofrecer* to offer
oído inner ear
oír* to hear
ojo eye; **¡Ojo!** Careful!
olvidar to forget; **olvidarse de** to forget
olla a presión pressure cooker
ondulado wavy
operado: ser operado to be operated on
opiáceo *adj.* opiate
opinar to think, have an opinion
oponerse* a to be opposed to
opuesto opposite
oración sentence
orden *m.* order (*chronological*); *f.* order (*command*)
ordenar to order, put in order
organismo body
orgulloso proud
Oriente East; **Medio Oriente** Middle East
originariamente originally
oscilar to vacillate
oscuro dark
óseo pertaining to the bone; **médula ósea** bone marrow
oso bear

otoño autumn
otro other, another; **por otra parte** on the other hand; **por otro lado** on the other hand; **por un lado** on one hand
ovalado *adj.* oval-shaped
óvalo *n.* oval
OVNI (objeto volador no identificado) UFO
oye hey; listen

P

pacífico peaceful
padecer* to suffer from
padre father
padrino godfather; *pl.* godparents
pagar* to pay (for)
pago payment
país country
paisaje countryside
paja straw
pala shovel; **pala mecánica** power shovel
palabra word; **palabra cognada** cognate
pálido pale
palmada: dar una palmada to pat
panadero baker
panameño *n.* and *adj.* Panamanian
pantalones pants, trousers
pantalla screen; **pequeña pantalla** television set
pañal diaper
pañuelo handkerchief
papel paper; role; **desempeñar un papel** to play a part
papelina *coll.* "fix" (*drugs*)
paquete pack; package
par pair
para *prep.* for; in order to; on behalf of; to; **para que** *conj.* in order that, so that
paradigma *m.* paradigm, example
paraguas *m. sing.* umbrella
paraíso paradise
parar to stop
parecer* to seem; **al parecer** apparently; **a mi parecer** in my opinion; **¿qué le parece?** what do you think?
parecido resemblance
pareja pair; couple; partner; **hecho para vivir en pareja** made for each other
parentesco relationship
pariente *m./f.* relative
paro layoff; work stoppage
parque automovilístico parking lot

párrafo paragraph

parte: por otra parte on the other hand; **por una parte** on one hand

partida departure

partidario constituent, supporter

partido match, game; party (*political*)

partir: a partir de as of, from; **a partir de entonces** from then on

parto childbirth; **parto de nalgas** breech birth

pasado *n.* past; *adj.* past; last

pasaje passage; journey

pasar to happen; to spend (*time*); **pasarlo mal** to have a bad time; **pasar por** to stop by; to go through

pasatiempo pastime

paseo avenue; stroll; **dar un paseo** to go for a walk

pasividad passiveness

paso step

pasota *coll.* apathetic person

pastilla bar (*of candy*)

pastor pastor; shepherd

patada: dar una patada to kick

patatas fritas french fries

patín skate

patinar to skate

patria country, native land

patrocinar to sponsor, patronize; to support

patrocinio sponsorship, support

pauta guideline

payaso clown

paz peace; **déjame en paz** leave me alone

peca freckle

pedalear to pedal

pedir (i, i) to ask for, request

pegado flat, stuck down

pegamente (*correct spelling:* **pegamento**) glue

pegar* to hit; to stick, glue; **pegarse un tiro** to shoot oneself

peinado hairdo

pelea fight; quarrel

película film

peligro danger

peligrosidad dangerousness

peligroso dangerous

pelirrojo redhead

pelo hair

pelota ball

peludo hairy

peluquero hairdresser

pena de muerte death penalty

pendiente *n.* earring; *adj.* pending

pensado: tener pensado to have in mind

pensar (ie) to think; **pensar + inf.** to plan to (*do something*)

pensión: con pensión completa with full room and board; **pensión de retiro** retirement pension

pensionista *m./f.* boarder

peor worse, worst

pequeño small; little

percibir to perceive, sense; to collect, receive

perder (ie) to lose; to waste

pérdida loss

peregrinaje pilgrimage

perfeccionar to perfect

perfil profile

periódico newspaper

periodista *m./f.* journalist

perjudicar* to harm, do harm to

perjudicial harmful

permanecer* to remain, stay

permiso permission

permitir to permit, allow

perpetuar* to perpetuate

perro dog

Pérsico: Golfo Pérsico Persian Gulf

personaje character (*in a story*)

personal *n.* personnel; *adj.* personal

pertenecer* to belong

peruano *n. and adj.* Peruvian

pesar to weigh; **a pesar de** in spite of

pesca fishing

pescar* to fish; **caña de pescar** fishing rod

peseta monetary unit of Spain

peso monetary unit of Mexico and several other Latin American countries

pesquero *adj.* fishing

petición petition; prayer

picadura de abeja bee sting

picar* to sting

pie foot

piedra rock

piel *f.* skin

pila battery

pinchazo prick; stab

pintar to paint

pintor painter

Pirineos Pyrenees

piropo "street compliment"

piso floor, story

pista clue, trace

pitillo *coll.* cigarette

pizarra chalkboard

planchar to iron

planear to plan

plano flat

planta baja ground floor

plantear to raise, pose

plastilina modeling clay

playa beach

plazos: a plazos in installments

pleito lawsuit

pluma estilográfica fountain pen

población population

pobre *n. m./f.* poor person; beggar; *adj.* poor

pobreza poverty

poco *n.* little bit; *adv.* little; not very; **hace poco** a short while back; **un poco** a little

poder (ue)* *v.* to be able; to have the power or stength; *n.* power; **a poder ser** if possible

poderoso powerful

polémica controversy

policía *m.* policeman; *f.* police force; **mujer** *f.* **policía** policewoman

policial *adj.* pertaining to the police

política *sing.* politics, policy

político politician; **mujer** *f.* **político** politician

polvo: limpiar el polvo to dust

pollo chicken

pómulo cheekbone

pon: nota de quita y pon Post-it note

ponche punch (*drink*)

poner* to put, place; to turn on; **poner en marcha** to put in motion; **ponerse** to become; **ponerse a + inf.** to begin to (*do something*); **ponerse al día** to bring oneself up to date; **ponerse de acuerdo** to come to an agreement

por by; through; for; along; because of; in place of; per; **por casualidad** by chance; **por ciento** percent; **por completo** completely; **por consiguiente** consequently; **por ejemplo** for example; **por eso** for that reason; **por favor** please; **por fin** finally; **por igual** equally; **por la tarde** in the afternoon; **por lo general** in general; **por lo menos** at least; **por lo tanto** therefore; **por medio de** by means of; **por muy exigente que seas** however demanding you may be; **por otro lado** on the other hand; **¿por qué?** why?; **por un lado** on one hand; **por vía intravenosa** intravenously

porcentaje percentage
portería goal (*sports*)
porvenir future
poseer* to possess
postal: código postal zip code
posteriormente afterwards, later on
postre dessert
postular to run (*for office*)
postura posture; position
potencia power, nation
práctica practice
practicar* to practice; to play (*sports*)
precio price
predecir (i)* to predict
predicador preacher
predisponer* to predispose
predominar to predominate
pregunta question; **hacer preguntas** to ask questions
preguntar to ask (a question)
prejuicio prejudice
prematrimonial premarital
premiar to reward; to award a prize to
premio prize
prenda de vestir article of clothing
prensa press
preocuparse (de) to worry (about)
prescindir de to do away with
presenciar to witness
presentar to introduce
presidir to preside over
presión pressure; **olla a presión** pressure cooker
préstamo loan
prestar to lend, loan
prestigio prestige
prestigioso prestigious
presupuesto budget
pretender to claim, pretend; to endeavor
pretendido alleged
pretérito preterite
prevenir (ie)* to prevent
primavera spring (*season*)
primer, primero first
primo cousin
principio: al principio at first; **a principios de** at the beginning of
privado private
privar to deprive
pro y contra pro and con
probar (ue)* to try; to taste; **probarse** to try on (*clothing*)
probeta test tube
proceder de to originate from
procedimiento process
proceso process; lawsuit; (*law*) trial
procurar to try, endeavor

producción en masa mass production
progenitor ancestor
programación programming
programador computer programmer
prohibir* to prohibit
promedio average, mean
prometer to promise
promulgar* una ley to pass a law
pronóstico prediction
pronto soon
pronunciar un discurso to deliver a speech
propaganda propaganda, advertisement
propiedad property
propietario owner
propio one's own; proper; typical
proponer* to propose
proporcionar to furnish, supply
propósito aim, object
propuesta proposal
propuesto (*p.p.* of **proponer**) proposed
proseguir (i, i)* to proceed, go on with
próspero prosperous
prostituirse* to prostitute oneself
proteger* to protect
proveedor provider
proveer* to provide
provisional temporary
próximo next
proyecto project
prueba test
psicólogo psychologist
ptas. (pesetas) monetary unit of Spain
publicar* to publish
publicidad *n.* advertising
publicitario *adj.* advertising
público: asistencia pública welfare (payments)
pueblo town
puericultor pediatrician; child development specialist
pueril juvenile, childish
puerta door
puertorriqueño *n.* and *adj.* Puerto Rican
puesto *n.* job; place, position; *adj.* (*p.p.* of **poner**) put, placed; turned on (*appliance*); **puesto que** *conj.* since, inasmuch as
pulmón lung
punta: de punta sticking straight up
punto point; stitch
puro pure (unadulterated); clear

Q

quedar to remain, be left; to fit; **quedarse** to stay; **quedarse con** to take; **quedarse embarazada** to become pregnant
quehacer chore, task
quejarse (de) to complain (about)
querellante *m./f.* plaintiff
querer (ie)* to want; to love; **querer decir** to mean
querido dear
química chemistry
quirófano operating room
quirúrgico surgical
quita: nota de quita y pon Post-it note
quitar to take away; take off
quizá perhaps

R

radio *m.* radium; radio set (receiver); *f.* radio program
radiofónico *adj.* radio
radioyente *m./f.* radio listener
raíz: a raíz de as a result of; **bienes raíces** real estate
rama branch
rapé snuff
rápido rapid, speedy, fast; **restaurante rápido** fast-food restaurant
raras veces rarely
rascar* to scratch
rasgo trait, feature
rasguño scratch
ratería de tiendas shoplifting
ratero de tiendas shoplifter
rayos X X-rays
raza race (*of human beings*)
reaccionar to react
realidad reality
realizar* to carry out, perform
recargar* to recharge
receta prescription; recipe
recibir to receive
reciclar to recycle
recién newly, recently
reclamar to demand
recoger* to gather; to pick up (straighten up)
reconocer* to recognize
reconstruir* to reconstruct
recordar (ue) to remember
rector president (*of a university*)
recurso resource
rechazar* to reject
rechazo rejection
red *f.* net; network
redondo round
reducir* to reduce
reemplazar* to replace

referir (ie, i) to relate, tell;
  referirse a to refer to
reflejar to reflect
refresco soft drink, soda
refugiarse to take refuge
regalar to give (*as a gift*)
regalo gift
regañina scolding
regar (ie)* to water (*a plant*)
regazo lap
regenerar to regenerate
regentar to direct, manage
registrar to search
registro record, registration;
  inspection, search
regla rule
regresar to return
regreso *n.* coming back
regular average
rehacer* to remake
reimponer* to reimpose
reina queen
relación relation, relationship
relacionar to relate; **relacio-
  narse con** to relate to, be
  related to
relegar* to relegate
remedio solution
remoto remote (*in time*)
remunerado paid
renacido born-again; **renacidos al cristianismo** born-
  again Christians
renacimiento rebirth
rendimiento output;
  performance
rendirse (i, i) to give up
**renta: impuestos sobre la
  renta** income tax
rentabilidad income-yielding
  capacity
renunciar to waive, give up
  (*right*)
reñir (i, i) to argue
repartición distribution
representante *m./f.* representative; **Cámara de Representantes** House of Representatives
requerir (ie, i) to require
requisito requirement
resaca hangover
resentimiento resentment
resentirse to feel resentment;
  to begin to weaken
resfriado cold (*illness*)
resolver (ue)* to resolve, solve
respaldo endorsement, support
respecto: al respecto about
  the matter; **con respecto a**
  with respect to; **respecto a**
  with respect to
respetar to respect
respeto: faltar al respeto to be
  disrespectful

resplandor brilliance, splendor
respuesta answer
restituir* to refund
resucitar to bring back to life
resultado result
resultar to result; to prove to
  be, turn out to be
resumen summary
retirar to withdraw
retiro retirement
retoño young child; offspring
retrato portrait; **ser el vivo
  retrato de** to be the spitting
  image of
reunión meeting
reunir* to gather; **reunirse** to
  meet
revalorizar* to reevaluate
revelar to reveal, show
reverso back side
revés: al revés in the opposite
  way; quite the opposite
revisar to review
revista magazine
rey *m.* king
rezo prayer
rico *n.* rich person; *adj.* rich
riesgo risk
río river
ritmo rhythm
rivalidad rivalry
rizado curly
robo robbery
rodear to surround
rojo red
rompecabezas *m. sing.* jigsaw
  puzzle
romper* to break
ron rum
ropa clothing, clothes; **ropa
  interior** underwear
rosa *n.* rose; *adj.* pink
rostro face
roto (*p.p.* of **romper**) broken
rubio blond(e)
ruido noise
ruso *n. and adj.* Russian

s

sábana sheet
saber* to know
sabiduría knowledge
sabionda (*correct spelling:* **sabi-
  honda**) know-it-all
sabor flavor
sacacorchos *m. sing.* corkscrew
sacar* to take out; to get; **sa-
  carse de** to get oneself out
  of; **sacar una foto** to take a
  picture
sacauntas *m. sing.* degreaser;
  stain remover

sacerdote priest
sacrificar* to sacrifice
sala living room; parlor; **sala
  de justicia** court of justice
saldar to pay off
salida de compras shopping
  excursion
salir* to leave, go out; to come
  out; to get out; **salir a la luz**
  to come to light
salón room
saltar to jump, jump off; to skip
saltón bulging
salud health
saludable healthy
salvado rescued person
salvadoreño *n. and adj.*
  Salvadoran
salvar to save
sangrar to bleed
sanidad health
sano healthy
satisfacer* to satisfy
sea: o sea that is
secador hair dryer
secadora clothes dryer
secar* to dry; **secarse** to wither
seco dry
secuestrar to kidnap
**secundaria: la (escuela)
  secundaria** high school
sedante sedative
seductor seductive
seguir (i, i)* to follow; to continue; **seguir** + *gerund* to
  keep on (*doing something*)
según according to
segundo *n. and adj.* second
seguridad safety
seguro *n.* insurance; *adj.* sure;
  seguro social Social Security
seleccionar to choose
selva jungle
sello stamp; **sello de correos**
  postage stamp
semáforo traffic light
semana week
semejante similar
semejanza similarity
senado senate
sencillo simple
sentarse (ie) to sit down
sentencia sentence (*law*)
sentido sense
sentimiento feeling
sentir(se) (ie, i)* to feel
señal *f.* mark; **señal luminosa**
  traffic light
señalar to signal
señalización posted, marked
  with signals
señor gentleman; Mr.; sir
señora lady; Mrs.
señorita Miss
separar to separate

sepultar to bury
ser* *v.* to be; *n.* being
serie *f.* series
serio serious
servicios restrooms
SIDA *m.* (**síndrome de inmuno-deficiencia adquirida**) AIDS
sierra mountain range
siesta afternoon nap
sigla abbreviation by initials
siglo century
significado meaning
significar* to mean, signify
siguiente following
silla chair
similitud similarity
simpático nice, pleasant
sin *prep.* without; **sin embargo** nevertheless; however; **sin que** *conj.* without
sindicalista *m./f.* union member
sindicato union
sino but (rather); **no sólo... sino...** not only . . . but also . . .
síntoma *m.* symptom
sitio place
snorkel: tubo de snorkel snorkel mask
sobornador briber
sobornar to bribe
soborno bribe
sobrar to be left over
sobre on; about; above
sobredosis *f.* overdose
sobrepoblación overpopulation
sobrina niece
sobrino nephew
sociedad society
socio member
sol: gafas de sol sunglasses
soldado soldier
soledad solitude
soler (ue) + *inf.* to be in the habit of (*doing something*), usually (*do something*)
solicitante *m./f.* applicant
solicitar to apply for
solicitud application
solo *adj.* alone; single; **café solo** black coffee
sólo *adv.* only
soltero *n.* unmarried person; *adj.* single, unmarried
soluble: café soluble instant coffee
sombrero hat
someter to subject
somnolencia drowsiness
sondeo (opinion) poll
sondista *m./f.* pollster
sonido sound
sonrisa smile
sopa soup
sorprendente surprising

sorprender to surprise
sosegar (ie)* to calm, quiet
sostener (ie)* to hold
subir to go up; to get on
suceder to happen
suceso event
sucursal *f.* branch office
Suecia Sweden
sueco *n.* Swede; *adj.* Swedish
suegra mother-in-law
suegro father-in-law; *pl.* in-laws
sueldo salary
suelo floor
suelto loose, free
suerte *f.* luck
suficiente: lo suficiente sufficiently, enough
sufragio suffrage
sufrimiento suffering
sufrir to suffer
sugerencia suggestion
suicidarse to commit suicide
Suiza Switzerland
suizo *n.* and *adj.* Swiss
sujeto fastened
suma sum, sum total
sumarse to be added
superar to surpass; to overcome
supermercado supermarket
supletorio supplementary
suponer* to suppose, presume
supuesto hypothesis
sur south
surgimiento springing up
suscitar to provoke
sustantivo noun
sustituir* to substitute
sustraerse* to avoid, elude
sutil subtle
suyo of his (hers, yours)

T

tabla table
tablado stage (*theater*)
tacaño stingy
tal such (a)
talla size (*of clothing*)
tamaño size
tampoco neither
tan as, so; **tan... como** as . . . as; **tan solo** only
tanto *adv.* so much; just as much as; *adj.* so much; *pl.* so many; **por lo tanto** therefore
tapar to cover up
tapas hors d'oeuvres
taquigrafía shorthand
tardar to take (*a certain amount of time*)
tarde *n. f.* afternoon; *adv.* late; **más tarde** later; **por la tarde** in the afternoon

tarea task, chore; homework
tarjeta card; credit card
tasa rate
tatarabuela great-great-grand-mother
tatarabuelo great-great-grand-father; *pl.* . . . parents
tebeo comic book
técnica technique
tejido tissue
tele *f. coll.* TV
teleinstitutriz TV instructor
telepatía telepathy
televisor television set
tema *m.* theme
temer to fear
temerario bold, daring
temeroso fearful
tender (ie) to hang out to dry
tendiente tending
tenebroso gloomy
tener (ie)* to have; **tener... años** to be . . . years old; **tener cara de disgustado** to look disgusted; **tener en cuenta** to keep in mind; **tener fama de** to be famous for; **tener miedo** to be afraid; **tener pensado** to have in mind; **tener por** to consider to be; **tener que** + *inf.* to have to (*do something*)
teoría theory
tercer, tercero third
terminar to finish
término term
ternura tenderness
terrenal earthly
terreno field, sphere
testamento testament; will
testigo *m./f.* witness
tía aunt
tiempo time; tense (*grammar*)
tienda store; **ratería de tiendas** shoplifting; **ratero de tiendas** shoplifter
tierra land; earth
timbre doorbell
tinta ink
tinto: vino tinto red wine
tío uncle; *pl.* aunt and uncle
tira narrow strip (*of cloth*); **tira cómica** comic strip
tirar to throw; to throw away; **tirando a** tending toward
tirita bandaid
tiro shot (*from a gun*); **pegarse un tiro** to shoot oneself
titular holder, occupant
tocadiscos *m. sing.* record player
tocar* to play (*music*); to touch; to ring (*doorbell*); to be one's responsibility; **te toca a ti** it's your turn

todavía still
todo all; every; **todo el día** all day long; **todos los días** every day
toma de contacto encounter
tomar to take; to drink; to ingest; **tomar lugar** to take place; **tomar una decisión** to make a decision
tonalidad tone
tono hue
tornero lathe operator
toro bull; **corrida de toros** bullfight
tortuga tortoise
tos *f.* cough; **jarabe para la tos** cough syrup
tostador(a) toaster
toxicomanía drug addiction
trabajador worker
trabajar to work
trabajo work
traer* to bring; to bring about
traficante *m./f.* **de drogas** drug trafficker
tráfico (de drogas) (drug) trafficking
trago drink
traje suit (*clothing*); **traje de baño** swimsuit
trampas: hacer trampas to cheat
tranquilizante tranquilizer
tranquilo calm, quiet
tránsito journey
tras after
trasladarse to transfer
trastorno disorder, complication (*medical*)
tratamiento treatment
tratar to treat; **tratar de** + *inf.* to try to (*do something*)
través: a través de through
tribu *f.* tribe
tribunal court (*law*); **tribunal rápido** speedy trial
tricentenario tricentennial
triste sad
tropa troop
trozo piece, bit
truco trick
tubo de snorkel snorkel mask
tumba tomb

U

últimamente lately
último last; **última voluntad** last wish
ultramundo other world
ultratumba beyond the grave
único only; unique

unir to mix, combine, put together
uruguayo *n.* and *adj.* Uruguayan
útil useful
utilitarista utilitarian

V

vaca cow
vacuna vaccine
vacunear (*correct spelling:* **vacunar**) to vaccinate
valentía courage
valer* to be useful
valioso valuable
valor value
vampírico blood-sucking
vaquero cowboy
varicela chicken pox
variedad variety
varón male
váter restroom
vecino *n.* neighbor; *adj.* neighboring
vejez old age
vela candle
velar to watch over
velorio vigil for the dead, wake
vello down (*soft hair on human body*)
venda bandage
vendaje bandaging, dressing
vendedor salesperson
vender to sell
veneno poison
venezolano *n.* and *adj.* Venezuelan
venir (ie, i)* to come
venta sale
ventaja advantage
ventana window
ver* to see; **a ver** let's see
verano summer
veras: de veras really
verdad truth; true; **de verdad** truly
verdadero true
verde green
vestido dress
vestir (i, i) to dress; **prenda de vestir** garment
vez time; **a la vez** at the same time; **alguna vez** sometime, sometimes; **a veces** sometimes; **cada vez más** more and more; **cada vez que** every time that; **de vez en cuando** from time to time; **en vez de** instead of; **otra vez** again; **una vez** once

vía: en vías de desarrollo developing; **por vía intravenosa** intravenously
viajar to travel
viaje trip
vidrio glass
viejo *n.* old person; *adj.* old
vientre belly; womb
vigente in force
vinculación association
vinculante link
vínculo bond
vino wine
violación rape
violar to violate; to rape
violoncelista *m./f.* cellist
virgen *f.* virgin
visitante *m./f.* visitor
vistazo: echar un vistazo to glance
viuda widow
viudo widower
vivir to live
vivo *n.* live person; *adj.* living
volar (ue)* to fly
voluntad: última voluntad last wish
voluntariedad willfulness
volver (ue) to return; **volver a** + *inf.* to (*do something*) again; **volverse** to become
votante *m./f.* voter
voz voice
vuelo: auxiliar de vuelo flight attendant
vuelta return

W

WC *m.* (**water closet**) restroom

Y

ya already; **ya no** no longer; **ya que** since
yacer* to lie
yerno son-in-law

Z

zapatero shoemaker
zapatilla slipper; **zapatilla de tenis** tennis shoe
zapato shoe

(*Continued from page ii*)

1990; *94* adapted with permission from *Clan* (septiembre 1984), Editorial Santiago; *109* reprinted with permission from Ministerio de Asuntos Sociales, Instituto de la Mujer, Madrid; *142* reprinted with permission of Hispanic Business, Inc. (805) 682-5843; *168* adapted with permission from *Ser padres*, #185, abril 1990, and #100, septiembre 1990.

Realia *Page 13* © Antonio Mingote; *14* (*top*) reprinted with permission of *Ser padres hoy*, Spain; *14* (*bottom*) © Antonio Mingote; *16* © 1965 Newspaper Enterprise Association; *23* (*top*) © Antonio Mingote; *23* (*bottom*) reprinted with permission of *Ser padres hoy*, Spain, and Eltern Syndication, drawing by Goffin; *25* reprinted with permission of Iberia, Airlines of Spain; *28* © Antonio Mingote; *32* © Quino/Quipos; *35* © Quino/Quipos; *38* © *Muy interesante*; *44* © A.L.I. Press Agency; *54* reprinted with permission of *Ser padres hoy*, Spain; *55* reprinted with permission of *Ser padres hoy*, Spain; *56* (*top*) reprinted with permission of *Ser padres hoy*, Spain and Eltern Syndication, photo by Marina Raith; *56* (*bottom*) reprinted with permission of *Ser padres hoy*, Spain; *57* © Juan Ballesta/Quipos; *58* © Quino/Quipos; *58* published in *Los hombres españoles*, 1988; *59* published in *Los hombres españoles*, 1988; *60* © Quino/Quipos; *61* reprinted with permission of *Ser padres hoy*, Spain, and Eltern Syndication, photo by Marina Raith; *63* © *Crecer Feliz*, photo © Gamma-Flash Press; *73* © *Mía*, Gruner & Jahr; *74* published by Comunidad de Madrid, Agencia de Medio Ambiente; *76* (*top & bottom*) © Quino/Quipos; *79* © Quino/Quipos; *85* © D. Jaime Perich Escala; *105* © Banco Santander; *109* © D. Jaime Perich Escala; *110* (*top & bottom*) published by *Los hombres españoles*, 1988; *111* (*top & bottom*) published by *Los hombres españoles*, 1988; *112–113* © Werner & Mertz GmbH; *121* © Quino/Quipos; *129* © Quino/Quipos; *137* (*top & bottom*) reprinted with permission of *Más*, Univision Publications; *140* (*left*) © IHOP Corporation; *140* (*right*) reprinted with permission of WADO/1280 AM, N.Y.; *141* reprinted with permission of Editorial América, S.A.; *142* (*top*) reprinted with permission of *Más*, Univision Publications; *142* (*bottom*) reprinted with permission of Hispanic Business, Inc.; *144* © Nissan Motor Corporation; *146* reprinted with permission of Joral Productions, Inc.; *149* © 1987 Cartoonists & Writers Syndicate; *155* (*top*) reprinted with permission of Sociedad/ Familia; *155* (*bottom*) © Domecq, S.A.; *162* (*top & bottom*) from *Plan nacional sobre drogas* (Madrid: Ministerio de Sanidad y Consumo, 1990); *163* from *Plan nacional sobre drogas* (Madrid: Ministerio de Sanidad y Consumo, 1990); *165* reprinted with permission of Société des Produits Nestlé—Trademark Owners; *168* (*top*) published in *Mía*; *168* (*bottom*) reprinted with permission of *Ser padres hoy*, Spain; *175* © C. Charillon–Paris; *177* reprinted with permission of *Cambio 16*; *179* reprinted with special permission of King Features Syndicate, Inc.; *191* © Antonio Mingote; *194* © Quino/Quipos; *195* © *Muy interesante*; *196* © Toshiba Information Systems (España), S.A.; *200* reprinted with permission of *Ser padres hoy*, Spain; *201* © Quino/Quipos; *202* reprinted with permission of *Elle*, Spanish edition; *204* © Quino/Quipos; *205* reprinted with permission of *Muy interesante*, Madrid.

About the Authors

Mary Lee Bretz is Professor of Spanish at Rutgers University, where she teaches undergraduate and graduate courses in Spanish language and literature. Professor Bretz received her Ph.D. in Spanish from the University of Maryland. She has published several books and numerous articles on Spanish literature, and the application of contemporary literary theory to the study and teaching of Hispanic literature.

Trisha Dvorak is Director of the Language Resource Center and Special Assistant to the Dean regarding Instructional Technology at the University of Michigan. She has coordinated elementary language programs in Spanish and taught courses in Spanish language and foreign language methodology. She is a certified Oral Proficiency Trainer in Spanish. Professor Dvorak received her Ph.D. in Applied Linguistics from the University of Texas at Austin. She has published articles on aspects of foreign language learning and teaching, and is co-author of *Composición: Proceso y síntesis,* a writing text for third-year college students.

Carl Kirschner is Associate Professor and the chair of the Department of Spanish and Portuguese at Rutgers University, where he teaches courses in linguistics, applied Spanish linguistics, and second language acquisition. Professor Kirschner received his Ph.D. in Spanish Linguistics from the University of Massachusetts. He has published a book on Spanish semantics and articles on Spanish linguistics, and edited a volume on romance linguistics.